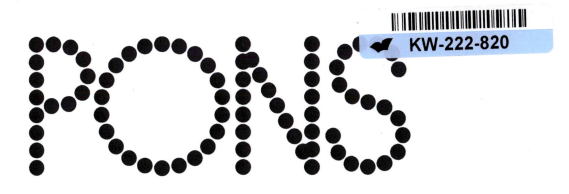

Großwörterbuch
für Experten und Universität

Englisch Aktiv

Vollständige Neuentwicklung
2002

Ernst Klett Sprachen
Barcelona · Budapest · London · Posen · Sofia · Stuttgart

PONS Großwörterbuch für Experten und Universität Englisch

Englisch Aktiv

Deutscher Text: Gregor Vetter, Dr. Kurt Schwab, Monika Finck, Claudia Bathelt
Englischer Text: Rupert Livesey, Douglas Hall, Caroline Haydon, Michael Mac Gann, Amanda Seidel, Caroline Wilcox Reul

Warenzeichen
Wörter, die unseres Wissens eingetragene Warenzeichen darstellen, sind als solche gekennzeichnet.
Es ist jedoch zu beachten, dass weder das Vorhandensein noch das Fehlen derartiger Kennzeichnungen die Rechtslage
hinsichtlich eingetragener Warenzeichen berührt.

1. Auflage 2002   (1,01)

© Ernst Klett Sprachen GmbH, Stuttgart 2002
Alle Rechte vorbehalten

Internet: www.pons.de
E-Mail: info@pons.de

Redaktion: Andrea Ender

Einbandgestaltung: Ira Häußler, Stuttgart
Logoentwurf: Erwin Poell, Heidelberg
Satz und Datentechnik: Dörr und Schiller GmbH, Stuttgart
Druck: Mateu Cromo, Pinto
Printed in Spain
ISBN 3-12-517168-7 (Standardausgabe)
ISBN 3-12-517169-5 (mit Daumenregister)

Inhalt

1. Informationsaustausch — Exchanging Information

1.1 Mitteilung — stating
1.1.1 identifizieren, benennen — identifying, naming

Dieser Vertrag **bedeutet** einen weiteren Schritt in Richtung Frieden.	This treaty **signifies** a further step towards peace.
Picasso **gilt als** einer der größten Maler des Zwanzigsten Jahrhunderts.	Picasso **is considered to be** one of the greatest painters of the 20th century.
Die Emissionen dieser Fabrik **stellen** eine große Gefahr für die Umwelt **dar.**	The emissions from this factory **constitute** a great danger to the environment.
Bei diesem Bild **handelt es sich um** eine Leihgabe aus dem Guggenheim-Museum.	This picture **is** on loan from the Guggenheim Museum.
Es handelt sich hier um einen Verstoß gegen das Gesetz.	**We are talking about** an offence here.
Wir haben es hier mit einer schwer wiegenden Frage zu tun.	**We are dealing with** a very serious question here.
Dies ist ein Beispiel für die traditionelle Gastfreundschaft in diesem Lande.	**This is an example of** this country's traditional hospitality.
Seine Behauptungen **haben sich als** glatte Lügen **erwiesen/ herausgestellt.**	His claims **have proved/turned out to be** downright lies.

1.1.2 feststellen, behaupten — stating, claiming
1.1.2.1 als gegeben, wahr darstellen — taking for granted, to be true

Tatsache/Fakt ist, dass das Wahlergebnis gefälscht wurde.	**The fact (of the matter) is,** the election result was fixed.
Es ist ja wirklich so, dass heute im Beruf höhere Anforderungen gestellt werden.	**It is a fact that** nowadays greater demands are being made on people at work.
Es ist nun einmal so, dass ich mich vor Spinnen fürchte.	**I just am** afraid of spiders **(, that's just the way it is).**
Es ist erwiesen/unumstritten, dass auch Passivrauchen der Gesundheit schadet.	**It has been proven/is undisputed that** passive smoking damages your health.
Es lässt sich nicht leugnen, dass Deutschland ein Einwanderungsland ist.	**There is no denying that** Germany is a country of immigration.
Er hat uns die ganze Zeit **tatsächlich** hinters Licht geführt.	He had **actually** been pulling the wool over our eyes the whole time.
Sie hat es **wirklich** nicht gewusst.	She **really** didn't know.

1.1.2.2 als nicht gegeben, nicht wahr darstellen — not taking for granted, to be true

Von einer Bestechung des Vorsitzenden **kann (überhaupt) keine Rede sein.**	**There can be (absolutely) no question of** the chairman being bribed.
Ich werde diesen Termin **auf keinen Fall** absagen.	I will **on no account** cancel this appointment.
Es ist nicht der Fall, dass der Angeklagte von diesen Vorgängen gewusst hat.	**It is not the case that** the defendant knew about these events.
Es stimmt nicht, dass er von seinen Freunden dazu überredet wurde.	**It is not correct that** he was persuaded by his friends.
Das habe ich **niemals** so behauptet.	I have **never** maintained that.

1.1.2.3 als selbstverständlich darstellen — taking as self-evident

Er ist **natürlich** nicht zur Party gekommen.	**Of course** he didn't come to the party.
Sie ist **natürlich** wieder darauf reingefallen. **Oder hast du etwas anderes erwartet?**	**Of course** she fell for it again. **What did you expect?**
Der Zug hatte **wieder einmal** Verspätung.	The train was late **(yet) again.**
Wie nicht anders zu erwarten, hatte er wieder nicht genug Geld dabei.	**As we might have guessed,** he again didn't have enough money with/on him.

Es versteht sich von selbst, dass man nicht raucht, während andere am Tisch noch essen.	It goes without saying that you don't smoke whilst others at the table are still eating.

1.1.2.4 als gewiss, sicher darstellen — taking as read, a certainty

Der ICE hat heute **sicher** wieder Verspätung.	**I bet** the ICE will be late again today.
Dieses Jahr werden die Benzinpreise **ganz bestimmt/sicher** wieder erhöht werden.	Petrol prices **are bound** to go up again this year.
Wetten, dass er den Termin verschlafen hat? *(fam)*	**I bet** he's forgotten our appointment.
Dem werde ich gehörig die Meinung sagen, **darauf kannst du Gift nehmen.** *(fam)*	I am certainly going to give him a piece of my mind – **you can bet your life on that.**
Das ist ein gefälschter Geldschein, **da bin ich mir totsicher/absolut sicher.** *(fam)*	This is a forgery, **of that I am absolutely certain.**
Auf meine Nachbarin kann ich mich **hundertprozentig** verlassen. *(fam)*	I can rely on my neighbour **100 per cent.**
Es besteht kein Zweifel daran, dass er der Vater dieses Jungen ist.	**There is no doubt that** he is this boy's father.
Es steht außer Zweifel, dass sie die Wahrheit gesagt hat.	She was **without (any shadow of) a doubt** telling the truth.

1.1.2.5 als offenbar, augenscheinlich darstellen — taking as obvious, evident

Es ist klar, dass die Regierung das neue Gesetz durchbringen wird.	**It's obvious** the government will get the new bill through.
Es liegt auf der Hand, dass die beiden Schwestern sind – bei der Ähnlichkeit!	**It's obvious** they are sisters – look how alike they are!
Es ist nicht von der Hand zu weisen, dass Rauchen Krebs erzeugt.	**It cannot be denied that** smoking causes cancer.
Das weiß doch jedes Kind, dass man so etwas nicht macht.	**Every child knows** you shouldn't do that.
In der Bevölkerung verbreitet sich **offensichtlich** Unmut über die Staatsführung. *(geh)*	There is **apparent** widespread dissatisfaction amongst the populace at the way the country is being governed.
Wie Sie selbst sehen, kommen wir mit dieser Methode nicht weiter.	**As you yourself can see,** we are not getting anywhere this way.

1.1.2.6 als wahrscheinlich darstellen — taking as probable

Der Einbrecher kam **(höchst)wahrscheinlich** durch die Garage ins Haus.	The burglar **(very) probably** got into the house through the garage.
Es handelt sich **aller Wahrscheinlichkeit nach** um eine Virusinfektion.	It is **in all probability** a viral infection.
Vermutlich ist sie im Stau stecken geblieben.	She's **probably** got stuck in/held up by the traffic.
Dieser Film **dürfte** beim Publikum gut ankommen.	This film **should** be well received by/a hit with the public.
Es ist zu erwarten/anzunehmen, dass der neue Skandal den Unmut der Bevölkerung weiter anheizen wird.	**It can be expected/assumed that** the new scandal will stoke up public disaffection.
In den nächsten Jahren **ist mit** enormen Preissteigerungen **zu rechnen.**	Enormous price increases **can be expected** over the next few years.

1.1.2.7 als möglich darstellen — taking as possible

Kann (schon) sein, dass ich mich da geirrt habe.	**It could (well) be that** I was wrong.
Vielleicht fahre ich nächstes Jahr nach Italien.	**I may** go to Italy next year.
Es ist (durchaus) denkbar, dass die Unruhen auch auf das Nachbarland übergreifen werden.	**It's (perfectly) conceivable that** the riots will spread to a neighbouring country.
Eine Gehaltserhöhung **ist durchaus drin.**	A pay rise **is a distinct possibility.**
Dieses Buch **könnte** dich interessieren.	This book **might** interest you.

Bei dem Systemausfall **kann/könnte** es sich um einen Programmierfehler gehandelt haben.

The system failure **may/might** have been caused by a programming error.

Wir sollten auch damit rechnen, dass es vielleicht regnen wird.

We should also be prepared for the fact that it **might** rain.

Es ist nicht auszuschließen, dass sie es gewusst hat.

One cannot **rule out the possibility that** she knew.

Es besteht (durchaus) die Möglichkeit, dass es irgendwo im Weltall noch andere intelligente Lebewesen gibt.

There is a/every **possibility that** intelligent life exists elsewhere in space.

1.1.2.8 als unsicher, ungewiss darstellen

taking as unsure, uncertain

Ich **weiß nicht, ob** ich nächsten Monat Urlaub nehmen kann.

I **don't know whether** I can take any holiday next month.

Ich **bin mir nicht sicher, ob** ich ihnen Bescheid gesagt habe.

I am not **sure whether** I have told you.

Es ist nicht sicher, ob sie die Arbeit findet, die sie sucht.

She **is not certain to** find the job she's looking for.

Es ist fraglich, ob er von diesem Vorfall wusste.

It is doubtful whether he knew of this incident.

Es ist noch offen, ob die Veranstaltung am nächsten Samstag stattfinden wird.

It has not yet been decided whether the event will go ahead next Saturday.

Wir können uns nicht darauf verlassen, dass sich das Wetter die nächsten Tage halten wird.

We cannot rely on the weather staying fine for the next few days.

Ob es uns gelingen wird, **steht in den Sternen.**

Whether or not we succeed, **is in the lap of the gods.**

1.1.2.9 als unwahrscheinlich darstellen

taking as improbable

Heute wird er **(wohl) kaum** kommen können.

He is **unlikely** to be able to come today.

Alle werden die Prüfung **wohl kaum** bestehen.

It is **hardly likely** that all the candidates will pass the exam.

Dieser Film **wird** beim Publikum **eher keinen** Anklang finden.

This film **is more likely** to be a flop with the public.

Es ist unwahrscheinlich, dass sie noch in dieser Stadt wohnt.

It is unlikely that she still lives in this town.

Es ist kaum/nicht zu erwarten, dass er freigesprochen wird.

We/One can hardly/cannot expect him to be acquitted.

Es ist so gut wie ausgeschlossen, dass er seine Meinung ändert.

It is virtually out of the question that he will change his mind.

Es ist kaum anzunehmen, dass sie sich im Klaren darüber war, was sie tat.

It is hard to accept that she was aware of what she was doing.

Wir können nicht damit rechnen, dass sich die Lage in absehbarer Zeit bessern wird.

We cannot count on the situation improving in the foreseeable future.

1.1.2.10 als unmöglich darstellen

taking as impossible

Es ist unmöglich, diesen Fehler zu beheben.

It is impossible to rectify this mistake./This mistake **cannot** be rectified.

Es ist ausgeschlossen, dass die beiden Parteien sich noch einigen werden.

We can rule out any possibility of the two parties reaching an agreement.

Er **kann** es **unmöglich** missverstanden haben.

He **cannot possibly** have misunderstood.

Wir **hatten keine Chance**, den Wettkampf zu gewinnen.

We **had no chance** of winning the competition.

Nie im Leben wird er die Prüfung bestehen. *(fam)*

He **hasn't got a hope** of passing the exam.

Ein Urlaub ist in diesem Jahr **nicht (mehr) drin**. *(fam)*

There's no chance (any more) of taking a holiday this year.

1.1.3 verallgemeinern, generalisieren

generalizing

Telefonnummern habe ich mir **noch nie** merken können.

I have **never** been able to remember telephone numbers.

Er ist **wie immer** zu spät gekommen.

He arrived late **as usual**.

Ich hatte **wie üblich** meinen Hund mitgenommen.

I had taken my dog along **as usual**.

Er hat Schwierigkeiten, seine Gefühle mitzuteilen – **wie alle Männer.**

Like all men, he has problems communicating his feelings.

Immer, wenn ich mich hinlege, klingelt das Telefon – **es ist jedesmal dasselbe!**

Whenever I lie down, the phone rings – **it's always the same story!**

1.1.4 beschreiben

describing

Das musst/kannst du dir **etwa so vorstellen:** ...	You have to/could **imagine it a bit like this:** ...
Stell dir vor, du ...	**Imagine you** ...
Es war **einfach wunderbar/herrlich.**	It was simply **wonderful/marvellous.**

1.1.5 erklären

explaining

Wie du ja schon weißt, gibt es ...	**As you already know,** there is ...
Also, **im Grunde genommen** ist das ganz einfach: ...	**OK, in principle** it is very simple: ...
Es gibt da drei verschiedene Arten von ...	**There are** three different kinds of ...

1.1.6 auf etwas aufmerksam machen

drawing attention to something

Haben Sie schon gehört, dass ...	**Have you heard (that)** ...
Habe ich dir schon erzählt, dass ...	**Have I already told you (that)** ...
Da **habe ich** etwas ganz Interessantes **gehört:** ...	**I've just heard** something really interesting: ...
Weißt du schon, dass ...	**Do you know (already) that** ...

1.1.7 an etwas erinnern

remembering something

Denk dran, dass morgen die Geschäfte geschlossen sind.	**Don't forget (that)** the shops are shut tomorrow.
Denkst du dran, dass wir auf dem Rückweg meine Oma besuchen sollen?	**Will you remind me that** we are supposed to call in on my gran on the way home?
Vergiss nicht, dass du für deine Schwester eine Theaterkarte besorgen sollst.	**Dont forget** you have to get a theatre ticket for your sister.
Ich möchte Sie daran erinnern, dass wir in der nächsten Woche geschlossen haben.	**I would like to remind you that** we are closed next week.

1.1.8 berichten

reporting

Es waren sehr viele Leute dort.	**There were** a great many people there.
Es gab ein großes Festmenü.	**There was** a big banquet.
Du kannst Dir nicht vorstellen, wie es dort herging: ...	**You cannot imagine what** went on there: ...

1.1.9 Äußerungen wiedergeben

repeating remarks

Wie mir gestern **mitgeteilt worden ist,** beabsichtigen die Arbeiter einen Streik.	**As I was told** yesterday, the workers are planning to strike.
Wie ich von ihm erfahren habe, geht es seiner Mutter gesundheitlich nicht so gut.	**According to what he told me,** his mother is not very well.
Sie **hatte gesagt, dass** gestern der Strom ausgefallen sei.	She **said (that)** there was a power cut yesterday.
Ich habe mir sagen lassen, dass er es mit der Pünktlichkeit nicht so genau nimmt.	**I have been told (that)** he's not a great one for punctuality.
Ich habe gehört, dass Sie eine neue Wohnung suchen.	**I have heard (that)** you are looking for a new flat.
In der Zeitung stand, dass es auf der Autobahn zu einer Massenkarambolage kam.	**There was a report in the newspaper of** a mass pile-up on the motorway.
Man sagt, er habe sein Geld im Kasino verspielt.	**It is said (that)** he lost his money gambling.
Nach Einstein lässt sich Masse in Energie umwandeln.	**According to** Einstein, mass can be transformed into energy.

1.1.10 ankündigen

announcing

Am nächsten Samstag findet hier ein Konzert unserer Musikgruppe **statt.**	Our music group **is performing** a concert here **next Saturday.**

Ich möchte Ihnen mitteilen, dass nächste Woche das Seminar leider ausfällt.	I'm sorry to tell you that next week's seminar has been cancelled.
Ich darf Ihnen für unsere nächste Sitzung den Besuch des Oberbürgermeisters ankündigen. *(form)*	I have the pleasure to announce that the mayor will be present at our next meeting.

1.1.11 hypothetisch sprechen — speaking hypothetically
1.1.11.1 von Eventualitäten sprechen — speaking of eventualities

Mit seiner Hilfe **könnten** wir schon diese Woche mit der Arbeit fertig sein.	With his help we **could** get the job done by the end of the week.
Er **könnte** beleidigt sein, **wenn** du ihm das sagst.	He **could** take offence **if** you say that to him.
Wenn die Mieten weiter so steigen, **kann** ich mir diese Wohnung nicht mehr leisten.	**If** rents keep on going up, I **won't be able** to afford this flat any more.
Sollte er auf unser Angebot nicht eingehen, **werden** wir ihn mit einem kleinen Zusatzangebot locken.	**Should** he reject our offer, **we'll** tempt him with an extra little bonus.
Wenn/Falls sich das schöne Wetter weiter hält, werden wir noch ein paar Tage bleiben.	**If** the fine weather holds, we'll stay on a few days.

1.1.11.2 von irrealen Sachverhalten sprechen — speaking unrealistically

Früher **wäre** mir das nicht passiert.	That **wouldn't have** happened to me in the past.
Wenn wir geschwiegen **hätten, hätte** er es nie erfahren.	**If** we had kept quiet, he **would** never **have** known.
Wenn das Auto nicht so teuer **wäre, würde** ich es sofort kaufen.	**If** the car were not so expensive, I **would** buy it straight away.
Er **hätte** längst sein Studium abgeschlossen, **wäre** da nicht seine Leidenschaft für den Sport.	He **would have** completed his studies long ago, **if** he **hadn't been** so involved with sport.

1.1.12 versichern, beteuern — affirming

Der Zug hatte **wirklich** Verspätung gehabt.	The train **really was** late.
Wirklich! Ich habe nichts davon gewusst.	**Honestly!** I didn't know anything about it.
Ob du es nun glaubst oder nicht; sie haben sich **tatsächlich** getrennt.	**Believe it or not;** they **really have** split up.
Ich kann Ihnen **versichern, dass** das Auto noch einige Jahre fahren wird.	I can assure you (that) the car will go on running for several more years.
Glaub mir, das Konzert wird ein Riesenerfolg.	**Believe/Trust me,** the concert is going to be a huge success.
Du kannst ganz sicher sein, er hat nichts gemerkt.	**You can be sure** he didn't notice a thing.
Ich **garantiere Ihnen, dass** die Mehrheit dagegen stimmen wird.	I **guarantee (you) (that)** the majority will vote against (it).
Ich gebe Ihnen **Brief und Siegel, dass** das Gemälde eine Fälschung ist.	I **give you my word (that)** the painting is a fake.
Die Einnahmen sind ordnungsgemäß versteuert, **dafür lege ich meine Hand ins Feuer.**	The takings have been properly declared, **I'd swear to it/vouch for it.**

1.2 Frage — question
1.2.1 Informationen erfragen — obtaining information

Wie komme ich am besten zum Hauptbahnhof?	**What's the best way** to the station?
Können Sie mir sagen, wie spät es ist?	**Can you tell me what** time it is?
Gibt es hier in der Nähe ein Café?	**Is there** a café **anywhere round here?**
Ist die Wohnung **noch zu haben?**	Is the flat **still available?**
Kennst/Weißt du einen guten Zahnarzt?	**Do you know** a good dentist?

1.2.2 sich vergewissern — making sure

Alles in Ordnung?	**Everything OK?**

Habe ich das so richtig gemacht?	Have I done that right?
Hat es Ihnen geschmeckt?	Did you like it?
Ist das der Bus nach Frankfurt?	**Is that/this the** bus for/to Frankfurt?
(am Telefon): **Bin ich hier richtig beim** Jugendamt?	*(on the phone):* **Is that the** youth office?
Ist das der Film, von dem du so geschwärmt hast?	**Is that** the film you were raving about?
Bist du dir sicher, dass die Hausnummer stimmt?	**Are you sure** you've got the right house number?

1.3 Antwort — reply
1.3.1 bejahen — answering in the affirmative

Ja.	Yes.
Klar!	Of course!
(Ja,) selbstverständlich./(Ja,) natürlich.	(Yes,) of course./(Yes,) naturally.
(Ja,) das ist richtig./(Ja,) das ist wahr./(Ja, das) stimmt.	(Yes,) that is correct./(Yes,) that is true./(Yes,) that's right.
(Ganz) genau./So ist es.	Exactly./That's right.

1.3.2 verneinen — answering in the negative

Nein.	No.
Niemals!	Never!
Ganz und gar nicht!	Not in the least!
Nein, das stimmt (so) nicht./Das kann man so nicht sagen.	No, that's not right./You can't say that.
Stimmt nicht!/Das ist nicht wahr!	That's not true!

1.3.3 Nichtwissen ausdrücken — expressing ignorance

Das weiß ich (auch) nicht.	I don't know (either).
Weiß nicht. *(fam)*	Don't know./Dunno.
Keine Ahnung. *(fam)*	No idea.
Habe keinen blassen Schimmer. *(fam)*	Haven't the foggiest/faintest (idea).
Da kann ich Ihnen leider nicht weiterhelfen.	I'm afraid I can't help you.
Ich kenne mich da leider nicht aus.	I'm afraid I don't know the area/much about it.
Darauf weiß ich (auch) keine Antwort.	I can't answer that (either).
Da bin ich überfragt.	That I don't know./I don't know the answer to that./You've got me there.
Woher soll ich das wissen?	How should I know?

1.3.4 Antwort verweigern — refusing to answer

Sag ich nicht! *(fam)*	Not telling!
Das verrat ich nicht. *(fam)*	I'm not saying.
Das kann ich dir (leider) nicht sagen.	(I'm afraid) I can't tell you.
Dazu möchte ich nichts sagen.	I don't want to say anything about it.
Ich möchte mich zu dieser Angelegenheit nicht äußern. *(form)*	I don't want to express an opinion on the matter.
Tut mir Leid, aber darüber darf/kann ich Ihnen keine Auskunft geben.	I'm sorry, but I'm not allowed to/I cannot give you any information.
Tut mir Leid, aber ich habe versprochen, es niemandem weiterzuerzählen.	I'm sorry, but I have promised not to tell anyone else.

| **1.4** | **Ausdruck kognitiver Einstellungen** | expression of cognitive views |
| **1.4.1** | **Wissen ausdrücken** | expressing knowledge |

Ich weiß, wie es geht. — I know how it works.

Ich weiß (genau), warum er das getan hat. — I know (exactly) why he did that.

Ich kenne mich da sehr gut/bestens aus. — I know the area very well/a great deal about it.

Darüber bin ich bestens informiert. — That's something I know a great deal about.

Ich weiß darüber genau Bescheid. — I know all about that.

Da kann mir keiner was vormachen. — There's nothing anyone can teach me about it.

Ich hab's! *(fam)* — I've got it!

1.4.2 Überzeugung ausdrücken — expressing conviction

Ich bin (felsenfest) davon überzeugt, dass er wieder zurückkommt. — I am (firmly) convinced (that) he will come back again.

Ich bin der festen Überzeugung, dass er die Wahrheit sagt. — I am firmly convinced (that) he is telling the truth.

Ich bin mir ganz sicher, dass es ihr jetzt Leid tut. — I am absolutely certain she's sorry now.

Seine Ausführungen haben mich (restlos) überzeugt. — His explanations have convinced me (completely).

Für mich steht außer Zweifel, dass unsere Entscheidung richtig war. — There is no doubt in my mind (that) we took the right decision.

Ich zweifle nicht daran, dass es ihr gelingen wird. — I don't doubt she will succeed.

1.4.3 Glauben ausdrücken — expressing belief

Ich glaube, dass sie die Prüfung bestehen wird. — I believe/think she will pass the exam.

Ich glaube an den Sieg unserer Mannschaft. — I believe our team will win.

Ich halte diese Geschichte für wahr. — I think this story is true.

1.4.4 Vermutungen ausdrücken — expressing supposition

Ich vermute, sie wird nicht kommen. — I suspect she's not going to come.

Ich nehme an, dass er mit seiner neuen Arbeit zufrieden ist. — I assume/suppose he's happy with/in his new job.

Ich halte einen Börsenkrach in der nächsten Zeit für (durchaus) denkbar/möglich. — I consider a stockmarket crash to be a distinct possibility in the near future.

Ich habe da so eine Ahnung. — I've got a feeling about it.

Ich denke, sie könnte es missverstanden haben. — I think she might have misunderstood.

Es kommt mir so vor, als würde er uns irgendetwas verheimlichen. — It feels to me as if he's keeping something from us.

Ich habe da so den Verdacht, dass sie bei der Abrechnung einen Fehler gemacht hat. — I've got an idea she might have made a mistake with the final bill.

Ich habe das Gefühl, dass sie das nicht mehr lange mitmacht. — I have the feeling she won't stand it much longer.

Ich werde das Gefühl nicht los, dass wir hier nicht erwünscht sind. — I can't help feeling we're not welcome here.

1.4.5 Zweifel ausdrücken — expressing doubt

Ich bin mir da nicht so sicher. — I'm not so sure about that.

Es fällt mir schwer, das zu glauben. — I find that hard to believe.

Das kaufe ich ihm nicht ganz ab. *(fam)* — I don't quite buy it/his story.

So ganz kann ich da nicht dran glauben. — I cannot really believe that.

Ich weiß nicht so recht. — I don't really know.

Mir kommen allmählich Zweifel daran, ob der eingeschlagene Weg der richtige ist. — I am gradually beginning to doubt whether we took the right course.

Ob die Kampagne die gewünschten Ziele erreichen wird, **ist (mehr als) zweifelhaft.**	**It is (more than) doubtful** whether the campaign will achieve the desired aims.
Ich hab da so meine Zweifel, ob er es wirklich ernst gemeint hat.	**I have my doubts as to whether** he was really serious.
Ich glaube kaum, dass wir noch diese Woche damit fertig werden.	**I very much doubt (that)** we will finish this week.

1.4.6 Nichtwissen ausdrücken	expressing ignorance
Das weiß ich nicht.	I don't know that.
Ich weiß es nicht.	I don't know.
Weiß nicht. *(fam)*	Don't know./Dunno.
Keine Ahnung. *(fam)*	No idea.
Darüber weiß ich nicht Bescheid.	I don't know about that.
Ich habe keine Ahnung, ob jetzt noch ein Bus fährt.	**I have no idea if** the buses are still running.
Die genaue Anzahl **entzieht sich meiner Kenntnis.** *(geh)*	**I have no knowledge of** the exact number.
Ich bin mit meinem Latein am Ende. *(fam)*	**I'm stumped.**

1.5 Frage nach kognitiver Einstellung 1.5.1 nach Wissen fragen	question about a cognitive view asking for knowledge
Weißt du, wie das geht?	**Do you know how** it works?
Hast du eine Ahnung, worum es hier geht?	**Have you any idea** what this is all about?
Kennst du dich mit Autos **aus?**	**Do you know anything about** cars?
Weißt du Näheres über diese Geschichte?	**Do you know any more/details about** this story?
Kannst du mir sagen, wie man diesen Automaten bedient? *(fam)*	**Can you tell me how** to work this machine?

1.5.2 nach Überzeugung, Glauben, Vermutung fragen	asking for conviction, belief, supposition
Wie denkst du darüber?	**What do you think about it?**
Was hältst du von dem neuen Gesetz?	**What do you think of** the new law?
Glaubst du, das ist so richtig?	**Do you think that's right?**
Hältst du das für möglich?	**Do you think it's possible?**
Meinst du, sie hat Recht?	**Do you think** she's right?

2. Bewertung/Kommentar	Assessment/Commentary
2.1 Meinungsäußerung 2.1.1 Meinungen/Ansichten ausdrücken	expressing an opinion expressing opinions/views
Ich finde/meine/denke, sie sollte sich für Ihr Verhalten entschuldigen.	**I think** she should apologize for her behaviour.
Er war **meiner Meinung nach** ein begnadeter Künstler.	He was **in my opinion** a highly gifted artist.
Ich bin der Meinung/Ansicht, dass jeder ein Mindesteinkommen erhalten sollte.	**I am of the opinion/take the view that** everyone should receive a minimum income.
Eine Anschaffung weiterer Maschinen ist, **meines Erachtens** nicht sinnvoll.	The purchase of more machinery is, **in my opinion**, not a sensible option.

2.1.2 Partei nehmen	**taking sides**

Ich finde, er hat (vollkommen) Recht.	**I think** he's absolutely right.
Ich stehe da voll hinter dir.	I'm right behind you on that.
Ich sehe es (ganz) genauso.	I agree entirely.
Ich bin da ganz seiner Meinung.	I entirely agree with him.
Der Vorschlag **findet meine volle Zustimmung.** *(form)*	The proposal **has my full support/agreement.**

2.2 Beurteilung von Zuständen, Ereignissen, Handlungen	**judging conditions, events, actions**
2.2.1 loben, positiv bewerten	**praising, evaluating positively**

Ausgezeichnet!/Hervorragend!	Excellent!/Outstanding!
Das hast du gut gemacht.	You did (that) very well.
Das hast du prima hingekriegt. *(fam)*	You've made a great job of that.
Das lässt sich (aber) sehen! *(fam)*	That's (really) something to be proud of!
Daran kann man sich ein Beispiel nehmen.	That's an example worth following.
Das hätte ich nicht besser machen können.	I couldn't have done better myself.
Das war ein sehr schöner Abend.	That was a very pleasant evening.

2.2.2 billigen	**approving**

a) eher positiv	more positive
Das kann man gelten lassen.	We can accept that./That is acceptable.
Dagegen ist/habe ich nichts einzuwenden.	There can be/I have no objection to that.
Damit kann man/lässt sich leben.	I/One can live with that.
Das ist völlig in Ordnung/OK.	That's perfectly all right/OK.
b) eher negativ	more negative
(Na ja,) es geht so.	(Well,) it could be worse.
Es ist nicht gerade berauschend. *(fam)*	It's nothing to write home about.
Das ist gerade noch zu verkraften.	That's just about bearable.
Man kann damit leben.	It's livable with.

2.2.3 dankend anerkennen	**acknowledging gratefully**

Ich weiß Ihr Engagement **sehr zu schätzen.**	I very much **appreciate** your commitment.
Sie waren uns eine große Hilfe.	You were a great help to us.
Ihr Einsatz **hat uns ein großes Stück weitergebracht.**	Your hard work **has really helped us a lot.**
Ohne deine Hilfe hätten wir es nicht geschafft.	We would not have managed it without your help.

2.2.4 bagatellisieren, verzeihen	**minimizing, forgiving**

Macht nichts!	It doesn't matter!
Schon okay. *(fam)*	It's OK.
Schwamm drüber! *(fam)*	Forget it!
Das ist nicht weiter schlimm/tragisch.	It doesn't really matter./It's not exactly tragic.
Machen Sie sich darüber keine Gedanken.	Don't worry about it.
Lassen Sie sich darüber keine grauen Haare wachsen.	Don't lose any sleep over it.

2.2.5   kritisieren, negativ bewerten   criticizing, evaluating negatively

Das gefällt mir gar nicht.	I don't like this at all.
Das sieht aber nicht gut aus.	This doesn't look good.
Das hätte man aber besser machen können.	That could have been done better.
Dagegen lässt sich einiges sagen.	Several things can be said about that.
Da habe ich so meine Bedenken.	I have my doubts about that.
Da hast du dich nicht gerade mit Ruhm bekleckert. *(fam)*	You haven't exactly covered yourself in glory.

2.2.6   missbilligen   disapproving

Das kann ich nicht gutheißen.	I cannot approve of that.
Das finde ich gar nicht gut von dir.	That wasn't at all nice of you.
Da bin ich absolut dagegen.	I'm utterly opposed to/against it.
Davon halte ich überhaupt nichts.	I don't think much of that at all.

2.2.7   Vorwürfe machen, beschuldigen   reproaching, accusing

Es ist (allein) deine Schuld, dass dich niemand mehr besuchen will.	It's (all) your fault (that) no one wants to visit you any more.
Du bist Schuld, dass wir zu spät kommen.	It's your fault we're late.
Dass die Arbeit nicht erledigt ist, hast du allein dir selbst zuzuschreiben.	You have no one to blame but yourself that the job's not finished.
Wegen dir ist der Termin geplatzt.	The appointment fell through because of you.
Warum bist du (nur) so unfreundlich zu den Leuten?	Why (on earth) are you so unfriendly to people?
Das hätten Sie aber wissen müssen!	You should have known that!

2.2.8   bedauern   regretting

Ich finde es schade, dass du nicht mitkommst.	I think it's a shame (that) you're not coming (too).
Schade, dass das Wochenende schon wieder zu Ende ist.	Pity/Shame (that) the weekend's gone again.
Es ist (wirklich) schade, dass sie nie Zeit hat.	It's a (real) pity/shame (that) she never has any time.
Es ist bedauerlich, dass er gerade heute außer Haus ist.	It is unfortunate that he is not in today (of all days).
Es ist schade um die Zeit, die wir damit vergeudet haben.	It's a pity/shame about the time we have wasted on it.
Jetzt ist es leider zu spät.	Now it's unfortunately too late.
Für eine Renovierung fehlt uns leider Gottes das nötige Geld.	I'm afraid we don't have enough money to redecorate.
Tja, da kann man (wohl) nichts machen!	Never mind, that's life!
Ich wollte ja Fotos machen, habe aber dummerweise den Apparat vergessen. *(fam)*	I wanted to take some photos but stupidly forgot to take the camera.

2.3   Rechtfertigung   justifying
2.3.1   begründen, rechtfertigen   justifying

Dafür gibt es eine einfache Erklärung.	There's a simple explanation for it.
Lassen Sie mich das Ganze erklären.	Let me explain everything.
Ich verstehe ja Ihren Ärger, aber bitte lassen Sie mich das alles erklären.	I can understand your annoyance but please let me explain everything.
Zugegeben, ich war etwas schroff zu ihm, aber anders wäre ich ihm nicht beigekommen.	Admittedly, I was a bit abrupt with him but I wouldn't have been able to deal with him otherwise.

2.3.2   zugeben, eingestehen   admitting, confessing

Ich bin Schuld daran.	It's my fault.

Ja, es war mein Fehler.	Yes, it was my mistake.
Da habe ich Mist gebaut. *(sl)*	I've really messed that/things up.
Ich gebe es ja zu: Ich habe zu vorschnell gehandelt.	I admit it: I acted too hastily.
Sie haben Recht, ich hätte mir die Sache gründlicher überlegen sollen.	You are right, I should have thought the matter through more.

2.3.3   sich entschuldigen — apologizing

Es tut mir Leid, das habe ich nicht so gemeint.	I'm sorry, I didn't mean that.
Das habe ich nicht gewollt.	That wasn't intended.
Das war nicht meine Absicht.	That wasn't my intention.
Ich muss mich dafür wirklich entschuldigen.	I really must apologize.

2.4   Bitte um Stellungnahme — request for an opinion
2.4.1   Meinungen erfragen — asking opinions

Was ist Ihre Meinung?	What's your opinion?
Was meinen Sie dazu?	What do you think (about it)?
Wie sollten wir **Ihrer Meinung nach** vorgehen?	How do **you think** we should proceed?
Was **hältst du von** der neuen Regierung?	What do **you think/make of** the new government?
Findest du das Spiel langweilig?	**Do you find** this game boring?
Denkst du, so kann ich gehen?	**Do you think** I can go like this?

2.4.2   um Beurteilung bitten — asking for assessment

Was **hältst du von** diesem Film?	**What do you think of** this film?
Wie **findest du** mein neues Auto?	**How do you like** my new car?
Was **sagst du zu** ihrem neuen Freund?	**What do you think of** her new boyfriend?
Wie **gefällt dir** meine neue Haarfarbe?	**How do you like** my new hair colour?
Kannst du mit dieser Theorie **etwas anfangen?**	Does this theory **mean anything to you?**
Wie **lautet Ihr Urteil über** unser neues Produkt?	**What's your opinion of** our new product?
Wie **urteilen Sie darüber?**	**What's your opinion of** it?

2.4.3   Zustimmung suchen — seeking approval

Findest/Meinst du nicht auch, dass wir jetzt besser gehen sollten?	**Don't you too think** we should be going?
Findest du diesen Film **nicht auch** ziemlich kitschig?	**Don't you too find** this film rather kitschy?
Es ist heute sehr schwül, **nicht wahr?**	It's very close today, **isn't it?**
Du isst doch auch gern Pizza, **oder?**	You like pizza too, **don't you?**

2.4.4   Rechtfertigung verlangen — demanding justification

Ich **verlange von Ihnen eine Erklärung, wie** es so weit kommen konnte!	**I demand an explanation from you as to** how things could get like this!
Können Sie mir bitte erklären, warum Sie mit Ihrem Projekt nicht vorankommen?	**Can you please explain to me why** you are not getting on with your project?
Was hast du dir denn dabei gedacht?	**What were you thinking of?**
Wie bitte soll ich das verstehen?	**And just how should I take that?**
Wie kannst du nur so etwas behaupten?	**How can you** say such a thing?
Was soll das Ganze? *(fam)*	**What's all this about?**

2.5 Konsens – Dissens	agreement – disagreement
2.5.1 zustimmen, beipflichten	**agreeing**

Ja, das denke ich auch.	Yes, I think so too.
Da bin ich ganz deiner Meinung.	I completely agree with you there.
Dem schließe ich mich an.	I endorse that.
Ich stimme Ihnen voll und ganz zu.	I absolutely agree with you.
Ja, das sehe ich (ganz) genauso.	Yes, that's exactly my view too.
Ich sehe es nicht anders.	That's exactly how I see it.
Ich gebe Ihnen da vollkommen Recht.	You're absolutely right there.
Da kann ich Ihnen nur Recht geben.	I can only agree with you there.
(Das) habe ich ja (auch) gesagt.	That's (just) what I said.
Finde ich auch. *(fam)*	I think so too.
Genau!/Stimmt! *(fam)*	Exactly!/(That's) right!

2.5.2 widersprechen	**contradicting**

Da muss ich Ihnen widersprechen.	I have to contradict you there.
Das sehe ich anders.	I see it differently.
Nein, das finde ich nicht.	No, I don't think so.
Das entspricht nicht den Tatsachen.	That doesn't fit the facts.
So kann man das nicht sehen.	You can't see it like that.
Davon kann gar nicht die Rede sein.	There can be no question of that.
Das stimmt (doch) gar nicht. *(fam)*	That's not right at all.
Ach was!/Unsinn!/Blödsinn!/Quatsch! *(fam)*	Nonsense!/Rubbish!

2.5.3 korrigieren	**correcting**

a) sich selbst korrigieren	correcting oneself
Ich glaube, ich habe mich da falsch ausgedrückt.	I think I didn't express myself quite correctly there.
Moment, ich glaube, da ist mir ein Fehler unterlaufen.	Just a minute, I think I might have made a mistake there.
Ich muss mich korrigieren.	I stand corrected.
Was ich (eigentlich) sagen wollte ist Folgendes: ...	What I (really) wanted to say was: ...
So habe ich das nicht gemeint.	I didn't mean that.
b) den anderen korrigieren	correcting others
Das entspricht nicht ganz den Tatsachen.	That doesn't quite fit the facts.
Ihre Behauptung ist nur zum Teil richtig.	Your assertion is only partly correct.
Sie haben den Sachverhalt nicht (ganz) korrekt dargestellt.	You haven't portrayed the facts quite correctly.
Du meinst doch wohl, WIR haben das geschafft!	You mean WE did it!

2.5.4 einräumen	**conceding**

Richtig, das habe ich gar nicht bedacht.	You're right, I didn't consider that at all.
Richtig, wie konnte ich das übersehen.	You're right, how could I have overlooked that.
Ihr Einwand ist berechtigt.	Your objection is justified/legitimate.
Sie haben Recht, mir ist da ein Fehler unterlaufen.	You are right, I made a mistake.
Ja, da muss ich dir Recht geben.	Yes, I have to concede you are right.
Ja, da hast du Recht.	Yes, you are right.

2.5.5 einwenden	objecting
Ja, aber …	Yes, but …
Du hast vergessen, dass …	You have forgotten that …
Das siehst du aber völlig falsch.	You're completely wrong about that.
Sie haben schon Recht, aber bedenken Sie doch auch …	You may well be right, but consider too …
Das ist ja alles schön und gut, aber …	That's all well and good but …
Ich habe dagegen einiges einzuwenden.	I've got several objections to that.
Das ist aber weit hergeholt.	That's rather far-fetched.
Diesen Schluss kann man daraus nicht ziehen.	One cannot draw that conclusion.

2.5.6 auf etwas beharren, einen Einwand zurückweisen	insisting on something, dismissing an objection
Mein Entschluss steht fest, und ich bleibe dabei.	My decision is final and I'm sticking to it.
Ich habe mich jetzt entschieden und ich bleibe dabei.	I have made my decision and I'm sticking to it.
Du kannst mich nicht mehr umstimmen.	You can't change my mind any more./My mind is made up.
Dein Argument zieht nicht. *(fam)*	Your argument won't wash.
Du brauchst gar nicht erst zu versuchen, mich umzustimmen.	You don't even need to try to get me to change my mind.
Diesen Einwand kann ich nicht gelten lassen.	I cannot accept this objection.
Ihre Einwände überzeugen mich nicht.	Your objections do not convince me.

2.5.7 widerrufen	retracting
Ich nehme alles zurück.	I take it all back.
Vergiss, was ich gerade gesagt habe.	Forget what I just said.
(Ich muss zugeben,) ich habe mich geirrt.	(I must admit) I was wrong.
Entschuldige bitte, ich habe mich getäuscht.	I beg your pardon, I've made a mistake.

2.6 Ausdruck evaluativer Einstellungen, Werthaltungen	expression of evaluative views, value judgements
2.6.1 Interesse ausdrücken	**expressing interest**
Dieses Buch **finde** ich (sehr) **interessant.**	I **find** this book **(very) interesting.**
Das ist eine (hoch)interessante Frage.	That is an (extremely) interesting question.
Astronomie hat mich immer schon interessiert.	I have always been interested in astronomy.
Darüber würde ich gerne mehr erfahren.	I'd like to find out more about that.
Du machst mich wirklich neugierig.	You are making me really curious.

2.6.2 Wertschätzung ausdrücken	expressing high regard
Ich **finde es gut,** wie er sich um die Kinder kümmert.	I **think it's good,** how he looks after the children.
Ich **schätze** Ihren Einsatz **(sehr).**	I **(really) appreciate** your dedication.
Ich weiß Ihre Arbeit **sehr zu schätzen.**	I **very much appreciate** your work.
Ich **möchte** ihren guten Rat **nicht missen.**	I **wouldn't like to be without** your good advice.
Ich **finde** die Vorlesungen dieses Professors **sehr gut.**	I **think** this professor's lectures **are very good.**
Ich **wüsste nicht, was** wir **ohne** Ihre Hilfe **tun sollten.**	I **don't know what** we would do **without** your help.

2.6.3 Wunschvorstellungen ausdrücken — expressing wishful ideas

Es war schon immer mein (sehnlichster) Wunsch, einmal nach Australien zu reisen.	**It has always been my dearest wish** to visit Australia one day.
Mein größter Wunsch wäre es, einmal um die Welt zu segeln.	**My biggest wish would be** to sail round the world.
Ich wünschte mir, ich hätte mehr Selbstvertrauen.	**I wish** I had more self-confidence.
Ich wünsche dir, dass alles gut geht.	**I hope** all goes well for you.
Ich würde zu gern am Meer leben.	**I would really love** to live by the sea.
Wäre es **doch nur** nie so weit gekommen!	**If only/I wish** it hadn't come to this!

2.6.4 Vorliebe ausdrücken — expressing preference

Abends gehe ich **gern** im Park spazieren.	I **like** to go for a walk in the park in the evenings.
Ich schaue mir **besonders gern** Dokumentarfilme an.	I **really enjoy** watching documentaries.
In meiner Freizeit lese ich **am liebsten**.	In my spare time I **like best of all** to read.
Ich tanze **für mein Leben gern**.	I **love** dancing.
Ich koche **leidenschaftlich gern**.	I **adore** cooking.
Mit Vorliebe löse ich Kreuzworträtsel.	I **particularly like** doing crosswords.
Ich **habe eine Vorliebe/Schwäche/ein Faible** für alte Autos.	I **have a predilection/weakness/penchant** for old cars.
Lesen **ist eine meiner Lieblingsbeschäftigungen**.	Reading **is one of my favourite pastimes**.

2.6.5 Indifferenz ausdrücken — expressing indifference

Das interessiert mich nicht.	**I'm not interested.**
Es ist mir (völlig) gleich, was die Leute über mich denken.	**I couldn't care less** what people think about me.
Die Meinung der Leute **interessiert mich (überhaupt) nicht**.	Other people's opinions **don't interest me (in the slightest)**.
Ich **stehe** dem Ganzen **gleichgültig gegenüber**.	I **am indifferent** to the whole thing.
Diese Diskussionen **lassen mich (völlig) unberührt/kalt**. *(fam)*	These discussions **leave me (completely) unmoved/cold**.
Ihre Anschuldigungen **berühren mich nicht (im Geringsten)**.	Your accusations **don't (in the least) affect me**.
Es ist mir egal, ob er kommt oder nicht.	**It's all the same to me/I don't care** if he comes or not.
Mir ist das alles **(ziemlich) egal/wurscht**. *(fam)*	**It doesn't make much/any difference to me./I couldn't care less.**
Das ganze Gerede **geht mir am Arsch vorbei**. *(vulg)*	I **don't give a shit** what people say.

2.6.6 Geringschätzung/Missfallen ausdrücken — expressing disdain/displeasure

Ich halte nicht viel von dieser Theorie.	**I don't think much of** this theory.
Davon halte ich gar/überhaupt nichts.	**I don't think much of that at all./I'm not in the least impressed by that.**
Komm mir bloß nicht mit Psychologie! *(fam)*	**Don't give me** psychology!
(Es tut mir Leid, aber) **ich habe für** diese Typen **nichts übrig**. *(fam)*	(I'm sorry but) **I've got no time for** these sorts of people.
Sein Verhalten **gefällt mir überhaupt/gar nicht**.	**I don't like** his attitude **one little bit**.
Ich kann mit moderner Kunst **nichts anfangen**. *(fam)*	Modern art **doesn't do a thing for me/is not my cup of tea**.

2.6.7 Desinteresse ausdrücken — expressing disinterest

Ich interessiere mich nicht für Fußball.	**I'm not interested in** football.
Ich finde diese Sendung **(ziemlich) langweilig/uninteressant**.	**I find** this programme **(pretty) boring/uninteresting**.
Es juckt mich nicht, was er sagt. *(sl)*	**I couldn't care less what** he says.
Ich **kann** dieser Art von Musik **(überhaupt) nichts abgewinnen**.	This type of music **doesn't do anything for me (at all)**.
Diese Bilder **sprechen mich überhaupt nicht an**.	These pictures **don't appeal to me at all**.

2.7	Frage nach evaluativen Einstellungen/ Werthaltungen	question about evaluative views/value judgements
2.7.1	nach Interesse fragen	asking about interests

Wofür interessierst du dich so? *(fam)*	What are you interested in?
Wo liegen Ihre Interessen?	Where do your interests lie?
Findest du dieses Buch **interessant?**	**Do you find** this book **interesting?**
Interessieren Sie sich für Sport?	**Are you interested in** sport?

2.7.2	nach Wertschätzung fragen	asking for esteem
Findest du diese Arbeit **gut?**	**Do you think** this work **is good?**
Was hältst du von dieser Arbeit?	**What do you think of** this work?
Wie lautet dein Urteil?	What's your verdict?

2.7.3	nach Wunschvorstellungen fragen	asking for wishful ideas
In welchem Land **würdest du am liebsten** leben?	In which country **would you most like** to live?
Was wünschst du dir für die Zukunft?	**What are your wishes** for the future?
Welcher Beruf **würde dir am meisten zusagen?**	Which job **would most appeal to you?**

2.7.4	nach Vorliebe fragen	asking for preference
Was macht dir am meisten Spaß?	**What do you most enjoy doing?**
Womit beschäftigst du dich am liebsten in deiner Freizeit?	**What do you like doing most** in your spare time?
Welche Filme **magst du am liebsten?**	Which films **do you like best?**
Was gefällt dir an deiner Arbeit **besonders?**	**What do you especially like about** your work?

3. Gefühlsausdruck — Expression of Emotion

3.1	Sympathie ausdrücken	expressing liking
Ich freue mich jedesmal, wenn ich dich sehe.	I'm always pleased to see you.
Du warst mir auf Anhieb sympathisch.	I liked you straight away.
Ich mag ihn **sehr.**	I like him a lot.
Du bedeutest mir viel.	You mean a lot to me.
Ich finde sie **sehr sympathisch/nett.**	I think she's **very nice.**
Ich verstehe mich mit ihm **ausgezeichnet.**	I get on exceptionally well with him.

3.2	Mitgefühl ausdrücken	expressing sympathy
Ja, das ist nicht leicht.	Yes, that's not easy.
Es tut mir (richtig) Leid für Sie.	I feel (really) sorry for you.
Ich kann das gut nachfühlen/nachempfinden.	I can well understand that.
Es tut mir in der Seele weh, wenn ich mir vorstelle, was er durchmacht.	**It hurts me deeply** to imagine what he is going through.

3.3	Antipathie ausdrücken	expressing antipathy
Ich mag ihn **nicht (besonders).**	I don't like him (very much).
Ich finde diesen Typ **unmöglich.**	**I think** that bloke **is just impossible.**

Das ist ein (richtiges) Arschloch. *(vulg)* — He's an (a real) arsehole.

Ich kann ihn **nicht leiden/ausstehen/riechen.** *(fam)* — I **cannot stand/bear** him.

Diese Frau **geht mir auf den Geist/Wecker/Keks.** *(fam)* — That woman **gets on my nerves.**

3.4 Dankbarkeit ausdrücken — expressing gratitude

Vielen/Tausend Dank, du hast mir sehr geholfen. — **Many thanks/Thanks a million,** you've been a great help.

Das war sehr **lieb von dir.** — That was very **kind/nice of you.**

Wo wären wir ohne dich! — Where would we be/What would we do without you!

Ich weiß gar nicht, **wie ich mich dafür bedanken soll.** — I don't **know how to thank you.**

Ich kann gar nicht sagen, **wie viel mir** dieses Gespräch mit Ihnen **bedeutet.** — I cannot tell you **how much** this chat with you **means to me.**

3.5 Begeisterung ausdrücken — expressing enthusiasm

Fantastisch! — Fantastic!

Toll! *(fam)*/**Wahnsinn!** *(sl)*/**Super!** *(sl)*/**Cool!** *(sl)*/**Krass!** *(sl)* — **Great!/Amazing!/Super!/Cool!/Wicked!**

Auf diesen Sänger **fahre ich voll ab.** *(sl)* — I'm really **into** this singer.

Ich bin ganz hin und weg. *(fam)* — **I'm completely bowled over.**

Ihre Darbietung **hat mich richtig mitgerissen.** — **I got really carried away by** her performance.

3.6 Freude ausdrücken — expressing joy

Wie schön, dass du gekommen bist! — **How nice of** you to come!

Ich bin sehr froh, dass wir uns wieder sehen. — **I'm really glad** to see you again.

Du weißt gar nicht, **wie sehr ich mich freue.** — **You can't imagine how pleased I am.**

Sie haben mir damit **eine große Freude bereitet.** — **You have made me very happy** (by doing that/this).

Ich könnte vor lauter Freude in die Luft springen. *(fam)* — **I could jump for joy.**

3.7 Zufriedenheit ausdrücken — expressing contentment

Ich bin **voll und ganz zufrieden.** — I am **completely satisfied.**

Ich kann mich nicht beklagen. — **I can't complain.**

Ich fühle mich rundum wohl. — **I feel on top of the world.**

Besser hätte es gar nicht kommen können. — **It couldn't have worked out better.**

Das hat **hervorragend geklappt.** — That **worked out extremely well.**

3.8 Überraschung ausdrücken — expressing surprise

Das ist ja **ungeheuer!** — **That's incredible!**

Das ist ja ein Ding! *(fam)* — **That's really something!**

Jetzt bin ich aber platt! *(fam)* — **I'm flabbergasted!**

Da bin ich aber überrascht! — I *am* surprised!

Damit hätte ich nun wirklich nicht gerechnet! — **I hadn't reckoned on that at all!**

Das kann/darf (doch) nicht wahr sein! — **That can't be true!**

Ich kann's (einfach) nicht fassen! — **I (simply) cannot believe it!**

3.9 Erleichterung ausdrücken — expressing relief

Bin ich froh, dass es so gekommen ist! — **I'm so glad** it has turned out like this!

Mir fällt ein Stein vom Herzen! — **That's a weight off my mind!**

Ein Glück, dass du gekommen bist! — **It's lucky** you came!

Gott sei Dank!	Thank God!
Geschafft!	Done it!
Endlich!	At last!

3.10 Enttäuschung ausdrücken — expressing disappointment

Ich bin über seine Reaktion (sehr) enttäuscht.	I am (very) disappointed at/by/with his reaction.
Du hast mich (schwer) enttäuscht.	You have (deeply) disappointed me.
Das hätte ich nicht von ihr erwartet.	I wouldn't have expected that of her.
Ich hätte mir etwas anderes gewünscht.	I would have wished for something different.

3.11 Bestürzung ausdrücken — expressing dismay

Das ist (ja) nicht zu fassen!	That's unbelievable!
Das ist (ja) ungeheuerlich!	That's outrageous!
Das ist ja (wohl) die Höhe!	That's the limit!
Das kann doch nicht dein Ernst sein!	You cannot be serious!
Ich fass es nicht!	I don't believe it!
Das bestürzt mich.	I find that very disturbing.
Das kann/darf (doch wohl) nicht wahr sein!	That can't be true!

3.12 Gelassenheit ausdrücken — expressing composure

Nur keine Panik/Aufregung!	Don't panic/get excited!
Machen Sie sich keine Sorgen.	Don't you worry about a thing.
Seien Sie ganz unbesorgt.	You can set your mind at rest
Keine Angst, das werden wir schon hinkriegen.	Don't worry, we'll manage (it) all right.
Wir werden das Kind schon schaukeln. (fam)	We'll manage it somehow.
Abwarten und Tee trinken. (fam)	We'll just have to wait and see (what happens).
Es wird schon werden.	It'll be all right.
Alles halb so schlimm.	It's not as bad as all that.
Ganz ruhig bleiben!	Stay perfectly calm!

3.13 Gleichgültigkeit ausdrücken — expressing indifference

Das ist mir gleich!	I don't mind!
Mir doch egal! (fam)	I don't care!
Das ist mir ganz egal!	I couldn't care less!
Seine Beleidigungen lassen mich ganz kalt.	His insults leave me cold/don't affect me.
Das interessiert mich nicht (im Mindesten).	That doesn't interest me (in the slightest).

3.14 Resignation ausdrücken — expressing resignation

Es hat doch alles keinen Sinn (mehr)!	There's no point (any more)!
Es ist sinnlos/zwecklos!	It's pointless!
Ich geb's auf.	I give up.

3.15 Ratlosigkeit ausdrücken — expressing helplessness

Ich weiß mir da keinen Rat.	I just don't know what to do.
Ich weiß nicht mehr, was ich tun soll.	I don't know any more what I should do.

| Ich weiß nicht mehr weiter. | I'm at my wit's end. |
| Ich krieg das nicht mehr auf die Reihe. *(fam)* | I can't handle it any more. |

3.16 Hoffnung ausdrücken | expressing hope

Ich bin da ganz zuversichtlich.	I'm very confident.
Ich gebe die Hoffnung nicht auf.	I'm not giving up hope.
Ich denke, wir werden es schaffen.	I think we'll do it.
Hoffen wir das Beste.	Let's hope for the best.
Es wird schon hinhauen. *(fam)*	It'll be all right.

3.17 Angst/Befürchtungen ausdrücken | expressing anxiety/fears

Ich habe (da) ein ungutes Gefühl.	I've got a bad feeling (about this).
Mir schwant nichts Gutes. *(fam)*	I've got a bad feeling.
Ich rechne mit dem Schlimmsten.	I'm expecting the worst.
Diese Menschenmengen **machen mir Angst**.	These crowds **scare me**.
Diese Rücksichtslosigkeit **beängstigt mich**.	This thoughtlessness **frightens me**.
Ich habe Angst, dass du dich verletzen könntest.	**I'm scared** you will hurt yourself.
Ich habe Angst vorm Zahnarzt.	**I'm scared of** the dentist.
Ich habe Bammel/Schiss vor der Prüfung. *(fam)*	**I'm scared stiff of** the exam.

3.18 Sorge ausdrücken | expressing concern

Sein Gesundheitszustand **macht mir große Sorgen**.	**I am very worried about** his health.
Ich mache mir Sorgen um dich.	**I am worried about** you.
Die steigenden Arbeitslosenzahlen **beunruhigen mich**.	**I'm concerned about** the rising unemployment figures.
Die Sorge um ihn **bereitet mir schlaflose Nächte**.	**I'm having sleepless nights** worrying about him.

3.19 Traurigkeit ausdrücken | expressing sadness

Es macht/stimmt mich traurig, dass wir uns nicht verstehen.	**It makes me sad that** we don't get on.
Es ist so schade, dass er sich so gehen lässt.	**It's such a shame that** he lets himself go like that.
Diese Ereignisse **deprimieren mich**.	**I find** these results **very depressing**.

3.20 Unzufriedenheit ausdrücken | expressing dissatisfaction

Das entspricht nicht meinen Erwartungen.	That doesn't come up to my expectations.
Ich hätte erwartet, dass Sie sich nun mehr Mühe geben.	**I would have expected** you to take more trouble.
So hatten wir es nicht vereinbart.	That's not what we agreed.

3.21 Langeweile ausdrücken | expressing boredom

Wie langweilig!/So etwas von langweilig!	How boring!/Talk about boring!
Ich schlaf gleich ein! *(fam)*/Das ist ja zum Einschlafen!	I'll fall asleep/nod off in a minute!/It's enough to send you to sleep!
Der Film **ist ja zum Gähnen**. *(fam)*	The film **is (just) one big yawn**.
Diese Disco **ist total öde**.	This disco **is dead boring**.

3.22 Ungeduld ausdrücken | expressing impatience

| **Wollen wir nicht endlich mal** weitermachen? | **Can't we** go on **now?** |

Worauf wartest du (denn) noch?	What are you waiting for?
Wie lange soll das denn noch dauern?	How much longer is this supposed to go on for?!
Ich kann es gar nicht erwarten, **bis** wir uns wieder sehen.	I **can't wait until** we meet again.
Wann kommt er **denn endlich?**	Is he **ever going to come?**
Wo bleibt er **denn nur?**	**Where has** he **got to?**
Das dauert ja ewig!	It's taking ages!

3.23   Verärgerung ausdrücken — expressing annoyance

Das ist (ja) unerhört!	That's (quite) outrageous!
Eine Unverschämtheit ist das!/So eine Frechheit!	That's outrageous!/What a cheek!
Das ist doch wohl die Höhe!	That's the limit!
Das darf doch wohl nicht wahr sein!	That can't be true!
Dieses Gerede **geht mir (mächtig) auf den Geist/auf die Nerven/auf den Keks** *(fam)*/**auf den Senkel** *(sl)*/**auf den Sack.** *(vulg)*	All this talk **is getting (massively) on my nerves/wick** *(fam)*/**tits.** *(vulg)*
Das nervt! *(fam)*	It's a pain in the neck.
Das ist ja nicht mehr zum Aushalten! *(fam)*	It's become unbearable!

3.24   Abscheu ausdrücken — expressing disgust

Igitt!	Yuk!
Du **widerst mich an!**	You **make me sick!**
Das **ist geradezu widerlich!**	That **is absolutely revolting!**
Das **ist (ja) ekelhaft!**	That is (quite) disgusting!
Das **ekelt mich an.**	That **makes me sick.**
Ich finde das zum Kotzen. *(sl)*	That makes me puke.

3.25   Schmerz ausdrücken — expressing pain

Das tut (ganz schön) weh.	That (really) hurts.
Sein Verhalten **hat mich (tief) gekränkt/verletzt.**	I found his behaviour (deeply) hurtful.
Ihre Worte **haben mich schwer getroffen.**	I found what you said very hurtful.

4.   Handlungsregulierung — Regulating Action

4.1   Aufforderung — decisive request
4.1.1   jemanden auffordern — asking someone

Kannst du grade mal kommen? *(fam)*	**Can you just** come here **for a minute?**
Besuch mich **doch mal.**	**Do** come and visit me.
Denk dran, mich heute Abend anzurufen.	**Don't forget** to phone me this evening.
Ich muss Sie bitten, den Raum zu verlassen. *(form)*	I **must ask you** to leave the room.

4.1.2   zu gemeinsamem Handeln auffordern — inviting a shared activity

Auf geht's! *(fam)*	Let's go!
An die Arbeit!/Fangen wir mit der Arbeit **an!**	(Let's get) to work!/Let's get down to work!
Lasst uns mal in Ruhe darüber reden.	**Let's just** talk about it calmly.

Wollen wir jetzt nicht endlich mal damit anfangen?	Shall we finally make a start on it?

4.1.3 bitten — requesting

Kannst/Könntest du bitte mal den Müll runterbringen?	Can/Could you please take the rubbish down?
Bitte sei so gut und bring mir meine Jacke.	Be an angel/a love and bring me my jacket.
Wärst du so nett und würdest mir die Zeitung mitbringen?	Would you be good enough to bring me back a paper?
Würden Sie bitte so freundlich sein und ihr Gepäck etwas zur Seite rücken?	Would you mind just moving your luggage slightly to one side?
Darf ich Sie bitten, Ihre Musik etwas leiser zu stellen?	Could I ask you to turn your music down a little?

4.1.4 um Hilfe bitten — asking for help

Kannst du mir einen Gefallen tun?	Could you do me favour?
Darf/Dürfte ich Sie um einen Gefallen bitten?	Can/Could I ask you a favour?
Könntest du mir bitte helfen?	Could you help me please?
Könnten Sie mir bitte behilflich sein?	Could you please give me a hand?
Ich wäre Ihnen dankbar, wenn Sie mir dabei helfen könnten.	I would be grateful if you could give me hand with this.

4.1.6 Wünsche äußern — expressing a wish

Ich würde gern mit dir ein Konzert besuchen.	I would love to go to a concert with you.
Es wäre schön, wenn du mehr Zeit für uns hättest.	It would be lovely if you had more time for us.
Es würde mich freuen, wenn Sie mir morgen Gesellschaft leisten könnten.	I would be delighted if you could keep me company tomorrow.

4.1.7 verlangen — demanding

Ich will/bestehe darauf, dass du gehst.	I want you to go/insist (that) you go.
Ich verlange eine Erklärung von Ihnen.	I demand an explanation from you.
Das ist das Mindeste, was man verlangen kann.	That is the least one can expect.

4.1.8 Aufträge geben — giving instructions

Könnten Sie sich bitte darum kümmern?	Could you see to it please?
Könnten Sie bitte die Telefonanrufe entgegennehmen, solange ich weg bin?	Could you please take my phone calls whilst I'm away?
Ich erwarte, dass du den Müll hinunterbringst.	I expect you to take the rubbish down.

4.1.9 gebieten — commanding

Gib das sofort her!	Give that here immediately!
Du räumst jetzt sofort dein Zimmer auf!	Tidy your room up now!
Hören Sie sofort damit auf!	Stop that at once!
Bleiben Sie stehen!	Stay where you are!
Wenn Sie bitte den Raum verlassen wollen! *(form)*	If you would care to leave the room please!

4.1.10 instruieren — instructing

Pass (genau) auf, ich zeige dir wie es geht.	Watch (closely), I'll show you how it works.
Das musst du so machen: ...	You have to do this: ...
Folgen Sie bitte meinen Anweisungen. *(form)*	Please follow my instructions.
Gehen Sie folgendermaßen vor: ...	Proceed as follows: ...

4.1.11 zurechtweisen — rebuking

Ihr Verhalten lässt einiges zu wünschen übrig.	Your behaviour leaves quite a lot to be desired.
Ich verbitte mir diesen Ton!	I will not be spoken to in that tone of voice!
Das brauch ich mir von Ihnen nicht gefallen zu lassen!	I don't have to put up with that from you!
Unterstehen Sie sich!	(Don't) you dare!
Was erlauben Sie sich!	How dare you!
Was fällt Ihnen ein!	What do you think you're doing!

4.1.12 drängen — urging

Nun komm **doch endlich**!	**Do** get a move on!
Jetzt mach mal hin!/Jetzt mach, dass du fertig wirst! *(fam)*	Now get a move on!/Go on, get ready!
Jetzt kümmere dich **endlich mal** um deine Steuererklärung!	**Come on,** get your tax return **finally** sorted out!
Es wird Zeit, dass du das endlich lernst.	**It's about time** you learnt that.
Es ist allerhöchste Zeit – wir müssen jetzt gehen.	**It really is high time that** we were going.

4.1.13 warnen — warning

Wenn das **noch einmal** passiert, **gibt's was!** *(fam)*	If that happens **once more, there'll be trouble!**
Vergiss **ja** nicht, die Blumen zu gießen!	Don't **you dare** forget to water the plants!
Ich warne Sie! Gehen sie **nicht noch einmal** so mit meinem Jungen um!	**I'm warning you! Don't** treat my boy like that **again!**

4.1.14 drohen — threatening

Ich sage es dir zum allerletzten Mal!	I'm telling you for the very last time!
Wenn du nicht endlich damit aufhörst, **kannst du was erleben/kannst du dich auf was gefasst machen!** *(fam)*	If you don't stop that, you'll be for it/you'll get what for!
Wehe, wenn du zu spät kommst! *(fam)*	**Don't** you **dare** be late!
Kommen Sie mir **bloß nicht** zu nahe!	**Don't** come **anywhere** near me!
Pass bloß auf!	Just watch out!

4.1.15 ermuntern — encouraging

a) motivieren, Lust erwecken	motivating, arousing interest
Es wird uns **bestimmt viel Spaß machen**.	**I'm sure** we'll **enjoy it.**
Hast du Lust, mit mir dorthin zu gehen?	**Do you want** to go there **with me?**

b) Mut zusprechen	encouraging
Es ist alles halb so schlimm.	It's not as bad as all that.
Glaub mir, du kannst/schaffst es!	Believe me, you can do it!
Das schaffst du doch mit links!	You'll manage that with no trouble!
Keine Angst, Sie kriegen das schon hin!	Don't worry, you'll manage all right!
Also wenn Sie es nicht schaffen sollen, wer dann?	Well if you can't do it, who can?

4.1.16 vorschlagen — suggesting

Wie wär's, wenn wir heute mal ins Kino gehen würden?	**How about** going to the cinema today?
Wie wär's mit einer Tasse Tee?	**How about** a cup of tea?
Was hältst du davon, wenn wir mal eine Pause machen würden?	**What do you think about** having a break now?
Hättest du Lust, spazieren zu gehen?	**Would you like** to go for a walk?

Ich schlage vor, wir vertagen die Sitzung.	I suggest we postpone the meeting.

4.1.17 raten — advising

Wenn ich Ihnen einen Rat geben darf: Fahren Sie heute Abend lieber mit dem Taxi nach Hause.	If I may give you some advice: take a taxi home tonight.
Ich rate ihnen (dringend), eine Unfallversicherung abzuschließen.	I would (strongly) advise you to take out accident insurance.
An Ihrer Stelle würde ich einen Anwalt zu Rate ziehen.	If I were you, I would consult a lawyer.
Du solltest dich besser bei ihr entschuldigen.	I think you should apologize to her.
Wenn du meine Meinung hören willst: Lade ihn (besser) nicht ein.	If you want my opinion, you shouldn't invite him.

4.1.18 abraten — advising against

Ich kann dir davon nur abraten.	I can only advise you not to do it.
Das würde ich Ihnen nicht empfehlen.	I wouldn't recommend it.
Lass dich lieber nicht mit diesen Leuten ein!	You'd better not get mixed up with those people!
Lass lieber die Finger davon! (fam)	You'd better stay clear of that!

4.2 Erlaubnis – Verbieten — permission – forbidding
4.2.1 erlauben — permitting

Wenn du mit deinen Hausaufgaben fertig bist, darfst du raus spielen.	You can go out to play when you have finished your homework.
Sie dürfen gern hereinkommen.	You are welcome to come in.

4.2.2 verbieten — forbidding

Das kann ich nicht zulassen.	I can't allow that.
Bitte unterlassen Sie das. (form)	Please stop/refrain from doing that.
Ich verbiete Ihnen diesen Ton!	I forbid you to use this tone of voice with me!
Hier dürfen Sie nicht rauchen.	You are not allowed to smoke here.
Du darfst heute nicht fernsehen.	You're not allowed to watch TV today.
Das kommt gar nicht in Frage.	That's out of the question.
Finger weg von meinem Computer! (fam)	Hands off my computer!
Lass die Finger von meinem Tagebuch! (fam)	Keep out of/away from my diary!

4.3 Konsultation — consultation
4.3.1 um Erlaubnis bitten — asking for permission

Darf ich Sie kurz stören/unterbrechen?	May I interrupt for a moment?
Haben/Hätten Sie was dagegen, wenn ich das Fenster aufmache?	Do/Would you mind if I open/opened the window?
Sind Sie damit einverstanden, wenn ich im Juli Urlaub nehme?	Is it all right with you if I take my holidays in July?

4.3.2 um Vorschläge bitten — asking for suggestions

Hast du eine Idee, wie wir das Auto reparieren können?	Have you any idea how we can repair the car?
Fällt dir dazu noch etwas ein?	Is there anything else you want to add?
Mach doch bitte einen Vorschlag.	Please make a suggestion.
Was würden Sie vorschlagen?	What would you suggest?

Was meinst du? Was könnten wir heute Abend noch unternehmen?	**What do you think?** What else could we do this evening?

4.3.3 um Rat fragen   asking for advice

Was würdest du an meiner Stelle tun?	**What would you do in my position?**
Hast du eine Ahnung, wie ich das machen kann?	**Have you any idea how** I can do that?
Könnten Sie mir da vielleicht einen Rat geben?	**Could you give me some advice perhaps?**
Welches Modell **würden Sie mir empfehlen?**	**Which** model **would you recommend?**

4.3.4 um Instruktionen bitten   asking for instructions

Kannst du mir erklären, wie das funktioniert?	**Can you explain how** it works?
Was sollen wir als Nächstes tun?	**What shall we** do next?
Welche Aufträge **sollen** morgen erledigt werden?	Which jobs **need** to be done tomorrow?

4.4 Angebote   offers
4.4.1 nach Wünschen fragen   asking people what they want

Kann ich Ihnen helfen?/Was darfs sein?	**Can I help you?/What'll it be?**
Haben Sie irgendeinen Wunsch?	**Would you like anything?**
Was hättest du denn gern?	**What would you like?**
Was möchtest/magst du essen/trinken?	**What would you like** to eat/drink?
Was wünschst du dir zum Geburtstag?	**What do you want for your birthday?**
Womit kann ich dir eine Freude machen?	**What can I do for you/to make you happy?**

4.4.2 Dinge anbieten   offering things

Möchten Sie/Möchtest du/Magst du ein Stück Kuchen?	**Would you like** a piece of cake?
Wie wär's mit einer Tasse Kaffee? *(fam)*	**How about** a cup of coffee?
Darf ich Ihnen ein Glas Wein **anbieten?**	**May I offer you** a glass of wine?
Sie können gern mein Telefon benutzen.	**You're welcome** to use my phone.

4.4.3 anbieten, etwas zu tun – Antwort   offering to do something – reply

Ich mache das **gern**, kein Problem. – **Danke, das ist nett/lieb von dir.**	I'll **gladly** do that, no problem. – **Thanks, that's kind of you.**
Soll ich für dich einkaufen gehen? – **Ja, bitte, das ist sehr nett von dir.**	**Shall I** go shopping for you? – **Yes please, that is very kind of you.**

4.4.4 Hilfe anbieten – Antwort   offering help – reply

Kann ich Ihnen behilflich sein? – **Ja, bitte./Ja, das wäre nett.**	**Can I help you?** – **Yes please./Yes, that would be kind.**
Du brauchst mich nur zu fragen, ich helfe dir gern. – **Oh, das ist aber nett!**	**You only need to ask, I'll willingly give you a hand.** – **Oh, that's nice of you!**

4.4.5 einladen   inviting

Besuch mich doch, ich würde mich sehr freuen.	**Do come and visit (me),** I'd be delighted.
Nächsten Samstag lasse ich eine Party steigen. **Kommst du auch?** *(fam)*	I'm having a party next Saturday. **Will you come?**
Darf ich Sie zu einem Arbeitsessen **einladen?**	**May I take you out for** a working lunch/dinner?
Ich würde Sie gern zum Abendessen **einladen.**	**I'd like to invite you round** *(at home)*//**out** *(in a restaurant)* for dinner.

4.4.6 versprechen.	**promising**
Ich korrigiere deinen Aufsatz, **versprochen.**	I will correct your essay, **(I) promise.**
Ich werde nichts weitererzählen, **du kannst dich auf mich verlassen.**	I won't tell anyone, **you can rely on me.**
Ich gebe Ihnen mein Wort, diese Sache vertraulich zu behandeln.	**I give you my word (that)** I will treat this matter confidentially.
Ich werde das Angebot für Sie reservieren, **Sie haben mein Wort.**	I will reserve the offer for you, **you have my word.**

4.5 Einwilligung – Weigerung **4.5.1 einwilligen**	**consent – refusal** **consenting**
Einverstanden!/Okay!/Abgemacht!	Agreed!/Okay!/It's a deal!
Kein Problem!	No problem!
Geht in Ordnung!	That's all right!
Wird gemacht!/Mach ich!	Will do!/I'll do that!

4.5.2 vereinbaren	**arranging**
Treffen wir uns **also** morgen gegen 10 Uhr, **einverstanden?**	So we'll meet up tomorrow around 10 o'clock, **agreed?**
Abgemacht!	Done!

4.5.3 sich weigern	**refusing**
Ohne mich! *(fam)*	Count me out!
Suchen Sie sich da einen anderen!	You'll have to find someone else!
Das mach ich nicht!	I'm not doing that!
Das kann ich leider nicht tun.	I'm afraid I can't do that.
Das werde ich auf keinen Fall tun.	I'm definitely not doing that./There's no way I'm doing that.
Damit will ich nichts zu tun haben.	I don't want anything to do with it.
Da halte ich mich raus.	I'm keeping out of it.

4.5.4 Angebote ablehnen	**turning down offers**
Nein, danke!	No, thanks!
Aber das ist doch nicht nötig!	But that's not necessary!/You shouldn't have!
Das kann ich doch nicht annehmen!	I can't (possibly) accept this!

4.5.5 zögern	**hesitating**
Ich weiß nicht so recht.	I'm not sure.
Lass mir ein wenig Zeit, darüber nachzudenken.	Give me a bit of time to think about it.
Ich kann Ihnen noch nicht sagen, ob ich Ihr Angebot annehmen werde.	I can't tell you yet whether or not I'm going to accept your offer.
Ich muss darüber noch nachdenken.	I still have to think about it.
Ich kann Ihnen noch nicht zusagen.	I can't accept yet.
Können Sie mir ein paar Tage Bedenkzeit geben?	Can you give me a couple of days to think it over?

4.6 Ausdruck handlungsbezogener Einstellungen und Voraussetzungen	**expression of action-related views and assumptions**
4.6.1 Intention	**intention**
4.6.1.1 Absicht ausdrücken	**expressing intent**

Ich **werde** diesen Monat noch das Wohnzimmer tapezieren.	I'm still **going** to wallpaper the living room this month.
Ich **habe** für nächstes Jahr eine Reise nach Italien **vor/geplant**.	I'm **planning** a trip to Italy next year.
Ich **beabsichtige,** eine Klage gegen die Firma zu erheben.	I **intend** to institute proceedings against the company.
Ich **habe** bei dem Menü als Dessert eine Mousse au Chocolat **ins Auge gefasst**.	The mousse au chocolat **has rather caught my eye.**
Ich **habe mir in den Kopf gesetzt,** den Pilotenschein zu machen.	I've **set my mind on** getting a pilot's licence.
Es **geht mir darum, dass** ihr euch alle wohl fühlt.	I **want** you all feel at home.

4.6.1.2 Entschlossenheit ausdrücken	**expressing determination**
Ich **habe mich entschieden:** Ich werde an der Feier nicht teilnehmen.	I **have decided:** I am not going to attend the celebration.
Ich **habe mich dazu durchgerungen,** ihr alles zu sagen.	I **have made up my mind** to tell her everything.
Wir **sind (fest) entschlossen,** nach Australien auszuwandern.	We **are (absolutely) determined** to emigrate to Australia.
Ich **lasse mich von nichts/niemandem davon abbringen,** es zu tun.	**Nothing/Nobody is going to stop me** doing it.
Ich **werde auf keinen Fall** kündigen.	I **shall on no account** hand in my notice.

4.6.1.3 Unentschlossenheit ausdrücken	**expressing indecision**
Ich **weiß noch nicht,** was ich tun soll.	I **don't know what I should** do.
Wir **sind uns noch im Unklaren darüber,** was wir tun werden.	We **are still unsure about** what we are going to do.
Ich **bin mir noch unschlüssig, ob** ich die Wohnung mieten soll oder nicht.	I **cannot decide whether** I should take the flat or not.
Ich **habe mich noch nicht entschieden.**	I **haven't decided yet.**
Ich **bin noch zu keinem Entschluss darüber gekommen.**	I **haven't reached a decision about it yet.**

4.6.1.4 Absichtslosigkeit ausdrücken	**expressing lack of intention**
Das liegt mir fern.	**That's the last thing I want to do.**
Ich **habe nicht die Absicht,** dir irgendwelche Vorschriften zu machen.	I **don't intend** to tell you what you should or should not do.
Das war nicht von mir beabsichtigt.	I **didn't intend that.**
Es ging mir nicht darum, wer nun Recht hat.	I **wasn't concerned with** who is in the right.
Ich **habe es nicht auf** Ihr Geld **abgesehen.**	I **am not after** your money.

4.6.1.5 Verzicht ausdrücken	**expressing abandonment**
Lassen wir es lieber.	**We'd better leave it.**
Ich lasse es lieber bleiben.	**I'd better leave it at that.**
Einen Papagei als Weihnachtsgeschenk, **das muss ich mir (wohl) aus dem Kopf schlagen!**	A parrot as a Christmas present, **I must put that (right) out of my head!**
Den Urlaub **habe ich mir jetzt abgeschminkt.** *(fam)*	I've **got** the holiday **out of my head** now.
Ich **nehme von** einer Klage **Abstand.** *(geh)*	I **shall refrain from** making a complaint.

4.6.2 Motivation	**motivation**
4.6.2.1 Handlungswunsch ausdrücken	**expressing a desire for action**
Ich **würde gern** spazieren gehen.	I'**d like to** go for a walk.

Ich möchte einen Tanzkurs belegen.	**I'd like to** enrol for a dance course.
Ich habe Lust, heute ins Kino zu gehen.	**I feel like going** to the cinema today.

4.6.2.2 Präferenz ausdrücken — expressing preference

Ich nehme **lieber** einen Tee.	I'd **rather** have tea.
Ich **würde lieber** mit der Bahn fahren.	I **would prefer to** go by train.
Ich besuche ihn heute **lieber/besser** nicht.	I'd **better** not go and see him today.
Am liebsten würde ich jetzt in Urlaub fahren.	**I'd really like** just to go on holiday now.

4.6.2.3 Handlungszweck ausdrücken — expressing the purpose of an action

Ich gehe spazieren, **weil** es mir Spaß macht.	I go walking **because** I enjoy it.
Ich mache das, **um** meiner Mutter eine Freude **zu** bereiten.	I'm doing this **to** make my mother happy.
Ich mache das, **damit** es keinen Grund zu einer Beschwerde gibt.	I'm doing this **so (that)** there can be no cause for complaint.

4.6.3 Realisierbarkeit — practicability
4.6.3.1 Fähigkeit ausdrücken — expressing ability

Ich werde damit schon fertig.	I can manage it all right.
Das schaffe ich schon.	I'll manage OK.
Wir werden das schon hinkriegen.	We'll manage it all right.
Das haben wir gleich.	We're nearly there.
Das lässt sich machen.	That can be done.

4.6.3.2 Zuständigkeit ausdrücken — expressing responsibility

Ja, bei mir sind Sie richtig.	Yes, you've come to the right person.
Ich **bin für** die Organisation des Festes **verantwortlich/zuständig.**	I am **responsible for** organizing the party.

4.6.3.3 Bereitsein ausdrücken — expressing willingness

Wird gemacht! *(fam)*	Will do!
Ja, das kann ich machen.	Yes, I can do that.
Das mache ich gern.	I'll gladly do that.
Von mir aus kann's gleich losgehen.	As far as I'm concerned we can start straight away./We can start whenever you like.
Ich bin so weit.	I'm ready.

4.6.3.4 Machbarkeit ausdrücken — expressing feasibility

Das lässt sich machen./Das ist machbar.	That's feasible./That's doable.
Das haben wir gleich!	We'll soon fix that!
Kein Problem!	No problem!

4.6.3.5 Nicht-Machbarkeit ausdrücken — expressing unfeasibility

Das lässt sich (leider) nicht machen.	That can't be done (I'm afraid).
Da ist (leider) nichts drin *(fam)*/zu machen.	It's no go./There's nothing to be done (I'm afraid).
Das ist leider unmöglich/nicht machbar.	I'm afraid that's impossible/not feasible.
Das geht nicht./Das haut nicht hin. *(fam)*	That's not on/possible./That doesn't work.

4.6.3.6 Verhindertsein ausdrücken	**expressing being prevented from doing something**

Ich würde es gern tun, aber ich habe leider überhaupt keine Zeit.	**I would love to do it but** I'm afraid I just haven't got any time.
Es tut uns Leid, aber wir können wegen der momentanen Auftragslage vorerst keine weiteren Aufträge annehmen.	**We regret to say that** because we are currently so busy we are temporarily unable to accept any more orders.

4.6.3.7 Nicht-Zuständigkeit ausdrücken	**expressing non-responsibility**

Da sind Sie bei mir an der falschen Adresse. *(fam)*	You've come to the wrong person.
Dafür bin ich (leider) nicht zuständig.	I'm not responsible for that (I'm afraid).
Dazu bin ich (leider) nicht berechtigt/befugt.	I'm not entitled/authorized to do that (I'm afraid).
Da sind uns (leider) die Hände gebunden.	(I'm sorry but) our hands are tied.
Das fällt nicht in unseren Zuständigkeitsbereich. *(form)*	That isn't our responsibility.

4.6.3.8 Unfähigkeit ausdrücken	**expressing inability**

Es tut mir Leid, aber das kann ich nicht.	I'm sorry but I can't.
Ich würde gern helfen, aber das traue ich mir nicht zu.	I would like to help but I don't think I can.

4.6.4 Verpflichtung	**obligation**
4.6.4.1 auf Verpflichtung hinweisen	**pointing out an obligation**

Du bist an der Reihe zu zahlen.	**It's your turn** to pay.
Als Fahrzeughalter **sind Sie verpflichtet,** Ihre Papiere bei sich zu haben.	As the registered keeper of the vehicle, **you are obliged** to keep your documents with you.

4.6.4.2 auf Verbote hinweisen	**indicating what is not allowed**

Hier **dürfen Sie nicht** rauchen.	**You are not allowed** to smoke here.
Sie parken im **absoluten** Halte**verbot!**	You're parking in a **no**-stopping **zone!**

4.6.4.3 auf Erlaubtheit hinweisen	**indicating what is allowed**

In diesem Bereich **dürfen** Sie rauchen.	You **may** smoke in this area.
Wenn Sie möchten, können Sie hier parken.	**If you like,** you can park here.

4.7 Frage nach handlungsbezogenen Einstellungen und Voraussetzungen	**questions about action-related views and assumptions**
4.7.1 Intention	**intention**
4.7.1.1 nach Absicht fragen	**asking about intention**

Was bezwecken Sie damit?	**What are you trying to achieve by that?**
Was hat das alles für einen Zweck?	**What's the point of all this?**
Was wollen Sie damit behaupten/sagen?	**What are you trying to say?**
Warum/Weshalb warten Sie hier?	**Why** are you waiting here?

4.7.1.2 nach Entschlossenheit fragen	**asking about strength of opinion**

Sind Sie sicher, dass Sie das wollen?	**Are you sure** you want it/that?
Haben Sie sich das gut überlegt?	**Have you considered it carefully?**
Wollen Sie nicht lieber dieses Modell?	**Wouldn't you rather** have this model?

4.7.2 Motivation	**motivation**
4.7.2.1 nach Handlungswunsch fragen	**asking about a desire for action**

Was möchten Sie tun?	What would you like to do?
Was haben Sie vor/geplant?	What have you got planned?

4.7.2.2 nach Präferenz fragen	**asking about preference**

Was hätten Sie nun lieber?	What would you prefer?
Welches Modell gefällt Ihnen besser?	Which model do you like best?

4.7.2.3 nach Handlungszweck fragen	**asking about the purpose of an action**

Warum/Weshalb hast du das getan?	Why did you do that?
Was soll das denn?	What's that for?

4.7.3 Realisierbarkeit	**practicability**
4.7.3.1 nach Fähigkeit fragen	**asking about ability**

Kannst du Motorrad fahren?	Can you ride a motorbike?
Weißt du, wie man das macht?	Do you know how to do that?

4.7.3.2 nach Zuständigkeit fragen	**asking about responsibility**

Sind Sie die behandelnde Ärztin?	Are you the doctor in attendance?
Sind Sie dafür zuständig?	Is it your responsibility?

4.7.3.3 nach Bereitsein fragen	**asking about being ready**

Bist du fertig/soweit?	Are you ready?
Können wir gehen?	Can we go?

4.7.3.4 nach Machbarkeit fragen	**asking about feasibility**

Lässt sich das machen?	Can it be done?
Ist das möglich?	Is that possible?

5. Soziale Konventionen	**Social Conventions**

5.1 Kontaktaufnahme	**making an approach**
5.1.1 jemanden begrüßen	**greeting someone**

Guten Tag!/Guten Morgen!/Guten Abend!	Hello!/How do you do?/Good morning!/Good evening!
Grüß dich!/Grüß Gott! *(südd)*	Hello!/Hi!
Hallo! *(fam)*/Servus! *(österr)*	Hello!/Hi!

5.1.2 nach dem Befinden fragen	**asking how someone is**

Wie geht es Ihnen?	How are you?
Wie fühlst du dich?	How do you feel?
Wie geht's? *(fam)*	How are you/things?

5.1.3 sich vorstellen — introducing oneself

Darf ich mich vorstellen? Mein Name ist …	May I introduce myself? My name is …
Ich möchte mich kurz vorstellen. Mein Name ist/Ich heiße/Ich bin …	I'd like briefly to introduce myself. My name is/I am …

5.1.4 jemanden vorstellen — introducing someone

Das ist meine Schwester …	**This is** my sister …
Ich möchte Sie mit meinem Chef, Herrn …, bekannt machen.	May I introduce you to my boss, Mr. …
Darf ich bekannt machen? Das ist …, ein guter Freund von mir.	May I introduce you? This is …, a good friend of mine.

5.1.5 reagieren, wenn sich jemand vorstellt oder vorgestellt wird — reacting when someone introduces themselves or is introduced

Freut mich, Sie/dich kennen zu lernen.	Pleased to meet you.
Ich habe schon viel von Ihnen gehört.	I have (already) heard a lot about you.

5.1.6 jemanden ansprechen — approaching someone

Hast du kurz Zeit, ich möchte etwas mit dir bereden.	Have you got a moment, there's something I'd like to discuss with you.
Kann ich mal mit dir reden?	Can I speak to you for a moment?
Entschuldigen Sie bitte die Störung.	Please forgive the interruption./I'm sorry to bother you.
Entschuldigen Sie bitte, dürfte ich Sie etwas fragen?	Excuse me, may I ask you something?

5.1.7 reagieren, wenn jemand angesprochen wird — reacting when approached

Kein Problem, worum geht's?	No problem, what's it about?
Ja, was ist?/Ja, bitte?	Yes, what is it?/Yes?

5.1.8 um Erlaubnis bitten einzutreten — asking for permission to come in

Darf ich hereinkommen?	May I come in?
Störe ich gerade?	Am I disturbing you?

5.1.9 jemanden hereinbitten — asking someone to come in

Herein!	Come in!
Du kannst ruhig reinkommen.	You're welcome to come in.
Komm nur rein.	Do come in.
Bitte, kommen Sie doch herein!	Please come in!
Bitte, treten Sie ein! *(form)*	Please come in!

5.1.10 sich als Anrufender am Telefon vorstellen — introducing oneself when making a phone call

Hallo, hier ist …	Hello, this is … speaking/it's … here.
Guten Tag, mein Name ist …	Hello, my name is …

5.1.11 Anrede in Briefen — forms of address in letters

Liebe/r …,	Dear …,
Hallo, …!/Hi, …! *(fam)*	Hello, …!/Hi, …!

| Liebe/r Frau/Herr …, | Dear Mr/Mrs …, |
| Sehr geehrte/r Frau/Herr … *(form)* | Dear Mrs/Mr … |

5.2 Kontaktbeendigung — leavetaking
5.2.1 sich verabschieden — saying goodbye

Auf Wiedersehen!	Goodbye!
Auf ein baldiges Wiedersehen!	Hope to see you again soon!
Tschüss! *(fam)*/Ciao! *(fam)*	Bye!/Cheerio!
Mach's gut! *(fam)*	See you!/Take care!/All the best!
(Also dann,) bis bald! *(fam)*	(OK then,) see you soon/later!
Bis morgen!/Bis nächste Woche!	See you tomorrow!/See you next week!
Man sieht sich! *(fam)*	See you!
Komm gut heim! *(fam)*	Safe journey home!
Pass auf dich auf! *(fam)*	Look after yourself!/Take care!
Kommen Sie gut nach Hause!	Safe journey home!
Einen schönen Abend noch!	Have a nice evening!

5.2.2 jemandem Grüße auftragen — asking someone to pass on regards

Grüß … von mir.	Give … my regards.
Kannst du … einen schönen Gruß von mir ausrichten?	Can you give … my regards?
Sagen Sie ihm bitte einen schönen Gruß von mir.	Please say hello to him from me.

5.2.3 jemandem Grüße ausrichten — passing on regards

… lässt (dich) grüßen.	Regards from …
(Übrigens,) einen schönen Gruß von …	(By the way,) best regards from …
Ich soll Ihnen einen schönen Gruß von Herrn … ausrichten.	Mr … sends his (best) regards.

5.2.4 sich am Telefon verabschieden — saying goodbye on the phone

Auf Wiederhören! *(form)*	Goodbye!
Also dann, bis bald wieder! *(fam)*	OK then, talk to you again soon!
Tschüss! *(fam)*/Ciao! *(fam)*	Bye!/Cheerio!

5.2.5 Schluss-/Grußformeln in Briefen — ending a letter

Tschüss! *(fam)*/Ciao! *(fam)*	Bye!/Cheers!
Alles Gute! *(fam)*	All the best!
Liebe/Herzliche Grüße *(fam)*	Kind regards/With love from …
Viele Grüße	Best wishes
Mit (den) besten Grüßen	Yours
Mit freundlichen Grüßen *(form)*	Yours sincerely

5.3 Stabilisierung von Kontakten — strengthening of contacts
5.3.1 sich entschuldigen – auf Entschuldigungen reagieren — apologizing – reacting to apologies

| (Oh,) das hab ich nicht gewollt! – Schon okay! *(fam)*/Das macht doch nichts! | (Oh,) I didn't mean to do that! – That's OK!/It doesn't matter at all! |
| Das tut mir Leid! – Keine Ursache!/Macht nichts! | I'm sorry! – That's all right!/Never mind! |

Entschuldigung!/Verzeihung!/Pardon! – Keine Ursache!/ Macht nichts!	Excuse me!/Sorry!/I beg your pardon! – That's all right!/It doesn't matter!/It's/That's OK !
Entschuldigen Sie bitte! – Keine Ursache!	Please excuse me!/I'm sorry! – That's all right!
Ich bitte (vielmals) um Entschuldigung! *(form)* – Keine Ursache!	I'm (very) sorry!/I do apologize! – That's all right!

5.3.2 sich bedanken – auf Dank reagieren	thanking – reacting to being thanked
Danke! – Bitte!	Thank you!/Thanks! – You're welcome!/Not at all!
Danke sehr/schön!/Vielen Dank! – Bitte schön!/Gern geschehen!/Keine Ursache!	Thank you very much!/Many thanks! – Not at all!/You're welcome!/Don't mention it!
Tausend Dank! – Bitte, bitte!/Aber bitte, das ist doch nicht der Rede wert!	Thanks a million! – Not at all!/Please don't mention it!
Danke, das ist sehr lieb von dir! – (Aber) das hab ich doch gern getan!/Das war doch selbstverständlich!	Thank you, that's very kind of you! – (Not at all,) it was a pleasure!/Don't mention it!
Vielen (herzlichen) Dank! – Keine Ursache!/Gern geschehen!	Thank you very much! – Don't mention it!/My pleasure!
Ich bedanke mich (recht herzlich)! – Keine Ursache!/Gern geschehen!	Thank you very much (indeed)! – Don't mention it!/It's a pleasure!

5.3.3 Komplimente machen – auf Komplimente reagieren	paying compliments – reacting to compliments
Du siehst gut aus. – Oh, danke!	You (are) look(ing) good. – Oh, thank you!
Wissen Sie, dass Sie wunderbar tanzen? – Wirklich?	Do you know that you're a wonderful dancer? – Really?

5.3.4 gratulieren – auf Gratulation reagieren	congratulating – reacting to congratulation
Ich gratuliere dir (zum Geburtstag/zur bestandenen Prüfung). – Vielen (herzlichen) Dank!	Happy birthday!/Congratulations (on passing your exam). – Thanks (very much)!
Ich wünsche dir alles Gute (zum Geburtstag). – Vielen Dank!	Many happy returns of the day! – Thank you!
Herzlichen Glückwunsch! – Danke!/Vielen (herzlichen) Dank!	Congratulations! – Thanks!/Thanks a lot!

5.3.5 kondolieren	offering condolences
Mein herzliches Beileid!	My sincerest condolences!
Darf ich Ihnen mein tief empfundenes Beileid aussprechen? *(form)*	May I offer you my heartfelt condolences?

5.3.6 gute Wünsche aussprechen	expressing good wishes
Ich wünsche Dir alles Gute.	I wish you all the best.
Hals- und Beinbruch! *(fam)*	Good luck!
Viel Erfolg!	Good luck!
Toi, toi, toi! *(fam)*	Good luck!
Ich drücke dir die Daumen.	I'll keep my fingers crossed for you.

6. Redeorganisation und Verständigungssicherung
Verbal Organization and the Checking of Meaning

6.1 Wechselrede
interlocution
6.1.1 ums Wort bitten
asking to speak

Darf ich dazu etwas sagen?	May I say something (to that)?
Wenn ich dazu noch etwas sagen dürfte: …	If I may add to that: …

6.1.2 jemanden unterbrechen
interrupting someone

Entschuldigen Sie bitte, dass ich Sie unterbreche, …	Sorry for interrupting, …
Wenn ich Sie einmal kurz unterbrechen dürfte: …	If I may interrupt you for a moment: …

6.1.3 anzeigen, dass man weitersprechen will
indicating that you wish to continue speaking

Moment, ich bin noch nicht fertig.	Just a moment, I haven't finished.
Lässt du mich bitte ausreden?/Könntest du mich bitte ausreden lassen?	Will you please let me finish?/Could you please let me finish?
Lassen Sie mich bitte ausreden!	Please let me finish!
Lassen Sie mich bitte diesen Punkt noch zu Ende führen.	Please let me finish my point.

6.1.4 Aufmerksamkeit des Hörers suchen
seeking the listener's attention

Weißt du, was ich meine?	Do you know what I mean?
Kennst du auch so eine Situation?	**Do you know** a situation like that too?

6.1.5 das Wort überlassen/übergeben
letting someone else speak

Wie sehen Sie das?	What do you think?
Und wie war es bei dir?	**And how** did it go with you/was it for you?
Was gibt es bei dir Neues?	Anything new round your way?

6.1.6 zum Sprechen auffordern
inviting someone to speak

Was meinst du dazu?	What do you think about it?
Siehst du das auch so?	Is that what you think too?
Schießen Sie los!/Schieß los! *(fam)*	Fire away!
Erzähl! *(fam)*	(Go on) tell!
Ich höre.	I'm listening./I'm all ears.
Bitte, was wollen Sie sagen?	Please, what do you want to say?

6.1.7 zur Kenntnis nehmen
taking note of something

Okay!/Alles klar! *(fam)*	OK!/(Everything's) fine!
In Ordnung!	All right!
Ja, ich verstehe.	Yes, I understand.

6.1.8 zum Schweigen auffordern
asking for silence

Jetzt hör mir mal zu!	Now just listen to me!
Jetzt sei mal still!	Be quiet a minute!
Ich möchte auch noch etwas sagen!	I'd like to get a word in too!

Danke! ICH meine dazu, …	Thank you! I think …
Psst! *(fam)*	Shh!/Shush!
Ruhig!	Quiet!
Jetzt seien Sie doch mal ruhig!	Do be quiet a minute!
Halt's Maul!/Schnauze! *(derb)*	Shut your face!/Shut your gob!
(an ein Publikum): Ich bitte um Ruhe.	*(to an audience):* Quiet please.
Wenn ihr jetzt bitte mal ruhig sein könnt!	If you could be quiet now please!

6.2 Verständigungssicherung — checking meaning
6.2.1 rückfragen — checking

Meinst du damit, dass …?	Do you mean that …?
Soll das heißen, dass …?	Does that mean that …?
Habe ich Sie richtig verstanden, dass …?	Have I understood you correctly that …?
Wollen Sie damit sagen, dass …?	Do you mean to say that …?

6.2.2 um Wiederholung bitten — asking someone to repeat themselves

Kannst du das noch mal sagen?	Could you say that again?
(Entschuldigung,) was hast du gerade gesagt?	(Sorry,) what did you just say?
Könnten Sie das bitte noch einmal wiederholen?	Could you repeat that please?
Entschuldigen Sie bitte, das habe ich eben akustisch nicht verstanden.	I'm sorry, I didn't quite catch that.

6.2.3 bitten zu buchstabieren — asking someone to spell something

Könnten Sie Ihren Namen bitte buchstabieren?	Could you spell your name for me please?
Wie buchstabiert/schreibt man das?	How do you spell that?

6.2.4 Nicht-Verstehen signalisieren — signalling non-comprehension

Was meinen Sie damit?	What do you mean by that?
Wie bitte? – Das habe ich eben akustisch nicht verstanden.	Pardon? – I didn't quite catch that.
Versteh ich nicht!/Kapier ich nicht! *(fam)*	I don't understand!/I don't get it!
Das verstehe ich nicht (ganz).	I don't (quite) understand that.
(Entschuldigen Sie bitte, aber) das hab ich eben nicht verstanden.	(I'm sorry, but) I didn't understand that.
Ich kann Ihnen nicht ganz folgen.	I don't quite follow you.

6.2.5 um Kommentierung bitten — asking for amplification

Kannst du das ein bisschen genauer erklären?	Can you explain that in a bit more detail?
Könnten Sie das noch genauer/anhand eines Beispiels erklären?	Could you explain that in more detail/with an example?

6.2.6 Verstehen signalisieren — signalling understanding

(Ja, ich) verstehe!	(Yes,) I understand!
Genau!	Exactly!
Ja, das kann ich nachvollziehen.	Yes, I can understand that.

6.2.7 **kontrollieren, ob man akustisch verstanden wird**	**ascertaining whether one can be understood**

(an ein Publikum): **Verstehen Sie mich alle?**	*(to an audience):* **Can everyone hear me?**
(am Telefon): **Können Sie mich hören?**	*(on the phone):* **Can you hear me?**
(am Telefon): **Verstehen Sie, was ich sage?**	*(on the phone):* **Can you hear what I'm saying?**

6.2.8 **kontrollieren, ob Inhalt/Zweck eigener Äußerungen verstanden werden**	**ascertaining whether the point of an utterance has been understood**

Kapito? *(sl)*	Got it?
Alles klar? *(fam)*/Ist das klar?	Everything clear?/Is that clear?
Verstehst du, was ich (damit) meine?	Do you understand what I mean?
Haben Sie verstanden, auf was ich hinaus möchte?	Have you understood what I'm trying to get at?
Ich weiß nicht, ob ich mich verständlich machen konnte.	I don't know if I made myself clear.

6.2.9 **eigene Äußerungen explizieren, kommentieren**	**explaining, amplifying one's own remarks**

Was ich damit meine/sagen möchte, ist …	What I mean/want to say by that is …
Oder anders ausgedrückt …	Or in other words …
Mit anderen Worten …	In other words …

6.3 **Redestrukturierung**	**verbal structure**
6.3.1 **Äußerung einleiten**	**prefacing a remark**

Wie du ja weißt, …	As you know, …
Also, es geht darum, …	Well, the thing is, …

6.3.2 **zögern, nach Worten suchen**	**hesitating, looking for words**

Also, die Sache ist die: …	Well, it's like this: …
Ich weiß nicht so recht, wie ich mich ausdrücken soll …	I don't really know how I should say this …
Was ich dir noch sagen wollte …	There's something else I wanted to say to you …
Es gibt da noch einen Punkt, den ich gern mit Ihnen besprechen möchte …	There's one more thing I'd like to talk over with you …
Ich weiß jetzt nicht, was ich sagen soll.	I don't really know what to say.

6.3.3 **um Ausdruckshilfe bitten**	**asking for help in expressing oneself**

Wie sagt man doch gleich zu …?	How do you say …?
Mir liegt das Wort auf der Zunge …	The word's on the tip of my tongue …
Mir fällt gerade kein passender Ausdruck ein.	I can't think of a suitable expression at the moment.
Es handelt sich um – ah, …	It's about – ah, …

6.3.4 **sich korrigieren**	**correcting oneself**

Entschuldigung, ich habe mich versprochen/vertan. Ich meinte …	Sorry, my mistake. I meant …
Nein, ich meinte eigentlich …	No, actually I meant …
Ich war erschöpft, **nein eher** übermüdet.	I was exhausted, **or rather**, overtired.
Da habe ich mich wohl getäuscht.	I must have been mistaken.

6.3.5 umschreiben

paraphrasing

Also, das Problem **lässt sich in etwa so umschreiben:** ...	Well, the problem **can be put another way:** ...
Man könnte auch sagen, ...	**One could also say,** ...
Eine **ähnliche** Situation **wäre** ...	A **similar** situation **would be** ...
Stellen Sie sich einmal vor, Sie wären ...	**Just imagine** you were ...

6.3.6 aufzählen

listing

Da gibt/gäbe es zunächst ...	First there's/there'd be ...
Folgende Punkte wären (dazu) zu nennen: ...	The following points should be mentioned: ...
Es gibt nur drei Möglichkeiten: **Erstens** ..., **zweitens** ... und **drittens** ...	There are only three possibilities: **first(ly)** ..., **second(ly)** ... and **third(ly)** ...

6.3.7 Beispiele geben

giving examples

Da wären **zum Beispiel** ...	**For example** there's ...
Nehmen wir **zum Beispiel** an, ...	Let's assume, **for example**, ...
Ich kann Ihnen da ein paar **Beispiele geben/nennen** ...	I can **give/cite** you a few **examples** ...

6.3.8 Thema wechseln

changing the subject

Erzähl doch mal von ...	Tell me something about ...
Lassen wir jetzt einmal das Thema ...	Let's just drop the subject ...
Was macht eigentlich ...?	What's ... doing now?
Was ich dich noch fragen wollte ...	Before I forget ...

6.3.9 zusammenfassen

summarizing

Wir können **also davon ausgehen, dass** ...	We can **assume then that** ...
Wir sind uns **also einig, dass** ...	We're **agreed then that** ...
Die wichtigsten Punkte **lassen sich, wie folgt, zusammenfassen:** ...	The crucial points **can be summarized as follows:** ...

6.3.10 betonen, hervorheben

emphasizing, stressing

Ich **lege besonderen Wert auf** Ihre Anwesenheit.	I **set great store by** your presence.
Was **mir besonders am Herzen liegt**, ist ...	What **I am especially concerned about** is ...
Es ist mir **sehr/äußerst wichtig, dass** ...	It is **very/extremely important** to me **that** ...
Ich möchte (nochmals) **betonen/unterstreichen, dass** ...	I'd like (once again) **to emphasize/stress that** ...

6.3.11 Äußerung abschließen

concluding a remark

Was meinst/sagst du dazu?	**What do you think?**
Mehr möchte ich dazu nicht sagen.	I don't want to say any more about it.
Und damit möchte ich diesen Punkt abschließen.	And with that I'd like to draw a line under this particular point.
Vielen Dank für Ihre Aufmerksamkeit!	Thank you very much for your attention!

Grußformeln

Deutsch	British English	+ American English	+ Australian English	+ Irish English	+ Scottish English
Hallo!	Hello!	Hi! (*fam also*: Hey!)	G'day!/Hello!	Hiya!/Howya!	Hiya!
Guten Morgen!	Good morning!	(Good) Morning!		Gud mornin'!	Guid mornin'!
Guten Tag!	Hello!/Good morning/afternoon!		G'day!	Gud day!	Guid day!
Guten Abend!	Good evening!			Gud evenin'!	Guid evenin'!
Gute Nacht!	Good night! (*childspeak*: night-night!)			Gud night!	Guid night!
Mahlzeit!	Bon appétit!				Afternoon!
Auf Wiedersehen!	Goodbye!			See ya!	See ya!
Tschüss!, Ciao!	Bye!	Bye bye!	Seeya!	Cheers!/Gud luck!	Cheerio!

Wünsche

Deutsch	British English	+ American English	+ Australian English	+ Irish English	+ Scottish English
Viel Spaß!	Have fun!	Have a good time!		Enjoy yerself!	Enjoy yirself!
Viel Glück!	Good luck!			Gud luck!	Guid luck!
Alles Gute!	Good luck!/All the best!	Take care!/Take it easy!	All the best!	Allde best!	Awra best!
Hals- und Beinbruch!	Best of luck!	Good luck!/Break a leg!		Break a leg!/Best o'luck!	Break a leg!
Viel Erfolg!	Good luck!/All the best!	Go for it!			
Herzlichen Glückwunsch!	Congratulations!			Well done!	Well done!
Gesundheit!	Bless you!	Bless you!/Gesundheit!	Bless you!/Gesundheit!	God bless you!	Bless you!/Gesundheit!
Gute Besserung!	Get better soon!	Get better real quick!	Get well soon!	Get well soon!	Get well soon!
Guten Appetit!	Bon appétit!	Enjoy your meal!/Dig in!		Enjoy your meal!	Enjoy your meal!
Zum Wohl!, Prost!	Cheers!			Slàinte!/Cheers!/Your health!	Cheers!/Slàinte mhath!
Gute Reise!	Have a good journey/trip!/Bon voyage!	Have a good trip!/Bon voyage!	Bon voyage!/Safe travels!		

Anredeformen

Deutsch	British English	+ American English	+ Australian English	+ Irish English	+ Scottish English
Frau …	Mrs …, Ms …	Mrs. …, Ms. …			
Herr …	Mr …	Mr. ….			
Frau Dr. …	Dr.			Doctor	Doctor
Frau Prof. …	Prof.			Professor	Professor
Meine Dame	Madam				
Mein Herr	Sir				
Meine Damen und Herren!	Ladies and Gentlemen!				
Leute	Folks	Guys	Folks	People	People
Kumpel	Mate	Buddy	Mate	Pal	Pal

Kosewörter

Deutsch	British English	+ American English	+ Australian English	+ Irish English	+ Scottish English
Liebling	Darling/Love			My Darlin'	My Darlin'
Schatz, Schätzchen	Sweetheart/Love	Honey		Sweetie	Sweetie
Schnuckelchen	Sweetheart/Pet	Baby		Doll	Doll
Mäuschen	Sweetheart/Love	Honey		Babe	Babe
Zuckerschnecke	Sugar	Sweetie-pie		Honey-Bun	Honey-Bun

Schimpfwörter

Deutsch	British English	+ American English	+ Australian English	+ Irish English	+ Scottish English
Blödmann!	Stupid fool!		Dickhead!	Bloody idiot!/ Gobshit!	Bloody idiot!
Blöder Esel!	Silly ass!/Dope!	Dumb ass!	Dickhead!	Dumb ass!, Silly git!	Silly git!
Blöde Kuh!	Stupid cow!		Silly bitch!	Silly cow!	Silly cow!
Blöde Ziege!, Zicke!	Stupid cow!/Bitch!			Silly old goat!	Silly old goat!
Blöde Gans!	Silly bitch!				
Alte Sau!	Dirty bastard!	Son of a bitch!		Auld git!	Auld git!
Dreckschwein!, Sau!	Dirty swine!			Filthy pig!	Filthy pig!
Miststück! (*Frau*)	(Lousy) Bitch!			Rotten bitch!	Rotten bitch!
Mistkerl!	(Rotten) Bastard!			Sod!	Sod!
Ferkel!	Mucky pup!/Pig!		Pig!	Minger!	Minger!
Gemeiner Hund!	Rotten bastard!		Bastard!	Nasty git!	Nasty git!
Freches Luder!	Cheeky minx!/ Cheeky so-and-so!			Cheeky wee monkey!	Cheeky wee monkey!

Deutsch	British English	+ American English	+ Australian English	+ Irish English	+ Scottish English
Idiot!	Idiot!		Idiot!	Eejit!	Eejit!
Depp!	Twit!		Dickhead!	Git!	Git!
Dussel!, Trottel!	Twit!/Twerp!/Dope!		Dickhead!	Twit!	Twit!
Blöder Arsch!	Arsehole!	Asshole!	Arsehole!	You arse!	You arse!
Arschloch!	Bastard!/Arsehole!	Asshole!	Arsehole!	You arsehole!	You arsehole!
Scheißkerl!	Shit!/Bastard!	Son of a bitch!	Shit!	You wee shit!/Bastard!	You wee shit!/Bastard!
Feigling!	Coward!		Wuss!	Scardey-cat!	Scardey-cat!
Waschlappen!	Sissy!				
Alter Bock!	Old goat!		Old fart!	Auld goat!	Auld goat!
Schlappschwanz!	Wimp!		Wimp!	Woosy!	Woosy!
Wichser!	Wanker!	Jerk-off!	Wanker!	Tosser!	Tosser!
Alte Schachtel!	Old bag!			Auld bag!	Auld bag!
Satansbraten!	Little devil!		Brat!	Wee devil!	Wee devil!
Kotzbrocken!	Slimy git!	Slimeball!	Sleaze!	Crawler!	Crawler!

Englische Sprichwörter und Redensarten mit ihren deutschen Entsprechungen

(NB: Die englischen Sprichwörter und Redensarten sind nach den *kursiv gedruckten Wörtern* alphabetisch angeordnet. Die deutschen Entsprechungen sind *kursiv gedruckt*, wenn es keine direkten deutschen Sprichwörter oder Redensarten sind.)

Absence makes the heart grow fonder	*Die Liebe wächst mit der Entfernung*
Actions speak louder than words	*Die Tat wirkt mächtiger als das Wort*
An *apple* a day keeps the doctor away	Den Kopf halt kalt, die Füße warm, das macht den besten Doktor arm
She's *away* with birds/fairies (*Irish*)	Sie lebt im Wolkenkuckucksheim
Don't throw the *baby* out with the bathwater	Schütte nicht das Kind mit dem Bad aus
You scratch my *back*, and I'll scratch yours	Eine Hand wäscht die andere
I'll be *back* before I'm there (*Irish*)	*Ich geh mal kurz wohin*
The *ball* is in your court	*Jetzt bist du dran/Du bist am Zug*
I was as lonely as a *bandicoot* on a burnt ridge (*Aussie*)	*Ich war mutterseelenallein*
He's all *bark* and no bite	Hunde die bellen, beißen nicht
Beauty is in the eye of the beholder	Die Schönheit liegt im Auge des Betrachters
Beauty is only skin-deep	Der Schein trügt
She got up on the wrong side of the *bed*	Sie ist mit dem linken Bein aufgestanden
Beggars can't be choosers	In der Not frisst der Teufel Fliegen
A *bird* in the hand is worth two in the bush	Lieber den Spatz in der Hand als die Taube auf dem Dach
Birds of a feather flock together	Gleich und gleich gesellt sich gern
The early *bird* catches the worm	Wer zuerst kommt, mahlt zuerst
To kill two *birds* with one stone	Zwei Fliegen mit einer Klappe schlagen
Don't *bite* off more than you can chew	Lade dir nicht mehr auf als du tragen kannst

Once *bitten*, twice shy	Ein gebranntes Kind scheut das Feuer
There's a *black* sheep in every family	Das kommt in den besten Familien vor
It was a *blessing* in disguise	Im Nachhinein hat es sich als Segen erwiesen/Das war Glück im Unglück
Count your *blessings*	Schwein gehabt!/Du kannst von Glück sagen!
In the country of the *blind*, the one-eyed man is king	Unter Blinden ist der Einäugige König
Blood is thicker than water	Blut ist dicker als Wasser
He's as lively as a *blowie* on a winter's day (*Aussie*)	Er ist wie eingeschlafene Füße
Bob's your uncle! (and Fanny's your aunt!)	Alles paletti!
He'd *bore* you to tears	Er langweilt einen zu Tode
She wasn't *born* yesterday	Sie ist nicht auf den Kopf gefallen
Half a loaf is better than no *bread*/none	Lieber den Spatz in der Hand als die Taube auf dem Dach
Brevity is the soul of wit	In der Kürze liegt die Würze
We'll cross that *bridge* when we come to it	Man soll den zweiten Schritt nicht vor dem ersten tun
Don't burn your *bridges*	Leg dir keine Steine in den Weg/Halte dir den Rückzug offen
Always look on the *bright* side	*Denk positiv*
If it isn't *broken*/ain't broke (*Am*), don't fix it	*Verändere nichts, das funktioniert*
A new *broom* sweeps clean	Neue Besen kehren gut
He's like a *bull* in a china shop	Er benimmt sich wie ein Elefant im Porzellanladen
He's a *bungalow* – got nothing upstairs (*Irish*)	Er ist strohdumm
Don't beat around the *bush*	Red' nicht um den heißen Brei herum
Don't hide your light under a *bushel*	Stell dein Licht nicht unter den Scheffel
I'm *busy* as a one-armed bill-poster in a gale (*Aussie*)	Habe zurzeit sehr viel um die Ohren
Butter wouldn't melt in her mouth	Sie sieht aus, als könne sie kein Wässerchen trüben
Let *bygones* be bygones	Was vorbei ist, ist vorbei
You can't have your *cake* and eat it (too (*Am*))	Man kann nicht beides haben/Entweder, oder!
That was the icing on the *cake*	Das schlägt dem Fass den Boden aus!
He's burning the *candle* at both ends	Er treibt mit seinen Kräften Raubbau
If the *cap* fits, wear it	Wem der Schuh passt, der soll ihn sich anziehen
A *cat* has nine lives	Unkraut vergeht nicht
There's more than one way to skin a *cat*	Viele Wege führen nach Rom
When the *cat's* away the mice will play	Wenn die Katze aus dem Haus ist, tanzen die Mäuse (auf dem Tisch)
Don't let the *cat* out of the bag	Lass nicht die Katze aus dem Sack
Caveat emptor: let the buyer beware	Nicht die Katze im Sack kaufen
Charity begins at home	Das Hemd ist näher als der Rock
He couldn't give away *cheese* at a rats' picnic (*Aussie*)	Bei ihm ist Hopfen und Malz verloren
Don't count your *chickens* before they are hatched/before they hatch (*Am*)	Man soll das Fell des Bären erst verteilen, wenn er erlegt ist
He's a *chip* off the old block (*Irish*)	Der Apfel fällt nicht weit vom Stamm
He couldn't run a *chook* raffle in a country pub (*Aussie*)	Er ist ein hoffnungsloser Fall
It went like *clockwork*	Es lief wie am Schnürchen
Every *cloud* has a silver lining	Auf Regen folgt auch wieder Sonnenschein
He's as *clumsy* as a duck in a ploughed paddock (*Aussie*)	Er ist so geschickt wie ein Elefant im Porzellanladen
Cut your *coat* according to your cloth	Sich nach der Decke strecken

She didn't *come down* in the last shower (*Aussie*)	Sie ist nicht auf den Kopf gefallen
A man is known by the *company* he keeps	An seinem Umgang erkennt man den Menschen
Two's *company*, three's a crowd	Das fünfte Rad am Wagen sein
Too many *cooks* spoil the broth	Zu viele Köche verderben den Brei
Be as *cool* as a cucumber	Die Ruhe selbst sein
That's the way the *cookie* crumbles (*Am*)	So ist es halt nun mal!
That's par for the *course*	Es kam wie es kommen musste
This stands out like a black *crow* in a bucket of milk (*Aussie*)	Das ist klar wie Kloßbrühe
You've got to be *cruel* to be kind	*Manchmal muss man jemanden zu seinem Glück zwingen*
There's many a slip ,twixt *cup* and lip	Man soll den Tag nicht vor dem Abend loben
Curiosity killed the cat	*Die Neugier ist schon manchem zum Verhängnis geworden*
The *customer* is always right	Der Kunde hat immer Recht
The *customer* is king	Der Kunde ist König
Better the *devil* you know (than the devil you don't)	*Von zwei Übeln wählt man besser jenes, das man schon kennt*
Needs must when the *devil* drives	In der Not frisst der Teufel Fliegen
Talk of the *devil* and he will appear	Wenn man vom Teufel spricht, dann kommt er
The *devil* finds work for idle hands	Müßiggang ist aller Laster Anfang
The *devil* take the hindmost	Den letzten beißen die Hunde
He put on a *dingo* act (*Aussie*)	Er ist ein feiger Hund
Fling/throw enough *dirt* and some will stick	Etwas Schmutz bleibt immer hängen
Discretion is the better part of valour	Vorsicht ist die Mutter der Porzellankiste
Do as you would be done by/*Do* to others as you would have done to you	Was du nicht willst, das man dir tu, das füg auch keinem andern zu
A man's best friend is his *dog*	*Ein Hund ist der beste Freund*
Every *dog* has his day	Ein blindes Huhn findet auch mal ein Korn
Give a *dog* a bad name (and hang him)	Wer einmal lügt, dem glaubt man nicht (, und wenn er auch die Wahrheit spricht)
Let sleeping *dogs* lie	Man soll keine schlafenden Hunde wecken
Love me, love my *dog*	*Man muss mich so nehmen, wie ich bin*
Take a hair of the *dog* that bit you	*Womit man aufgehört hat, soll man auch wieder anfangen (bei einem Kater – auf alkoholische Getränke bezogen)*
You can't teach an old *dog* new tricks	Was Hänschen nicht lernt, lernt Hans nimmermehr
What's *done*, is done (*Irish*)	Vorbei ist vorbei
She was *done up* like a pet lizard (*Aussie*)	Sie war total aufgedonnert
Don't come the raw prawn!/*Don't* come the uncooked crustacean! (*Aussie*)/*Don't* be acting the new man! (*Irish*)	Mich kannst du nicht verarschen!
I'm *dry* as a dead dingo's donger/as a gumdigger's dog/as a kookaburra's khyber in the Simpson Desert/as a pom's towel (*Aussie*)/I'd drink Lough Erin dry (*Irish*)	Bin am Verdursten!
He's got space to sell/got nothing between the *ears*	Er ist strohdumm
She hasn't got an *earthly*	Sie hat keine Chance
Easier said than done	Leichter gesagt als getan
Easy come, easy go	Wie gewonnen, so zerronnen
We must *eat* to live, not live to eat	Man arbeitet um zu leben, man lebt nicht um zu arbeiten
I could *eat* a galah and bark sandwich/goanna between two slabs of bark (*Aussie*)/I'd *eat* a horse	Ich könnte jetzt einen ganzen Ochsen essen
Don't put all your *eggs* in one basket	Nicht alles auf eine Karte setzen

You can't make an omelette without breaking *eggs*	Wo gehobelt wird, fallen Späne
An *elephant* never forgets	*Nachtragend wie ein Elefant sein*
All's well that *ends* well	Ende gut, alles gut
Enough is enough!	Was zu viel ist, ist zu viel!/Jetzt reicht's aber!
Choose the lesser of two *evils*	Das geringere von zwei Übeln wählen
The *exception* proves the rule	Ausnahmen bestätigen die Regel
An *eye* for an eye, and a tooth for a tooth	Auge um Auge, Zahn um Zahn
The *eye* is bigger than the belly	Die Augen sind größer als der Magen
What the *eye* doesn't see, the heart doesn't grieve over	Was ich nicht weiß, macht mich nicht heiß
He's a *face* like a yard of tripe (*Aussie*)/He's a *face* like a bag of spanners/like a dog who just ate a nettle (*Irish*)	Er macht ein Gesicht wie drei Tage Regenwetter
Familiarity breeds contempt	*Allzu große Vertrautheit erzeugt Verachtung*
Faraway hills are always greener (*Irish*)	Nachbars Kirschen schmecken besser
Fat to the fat pig's arse (*Irish*)	Wer hat, dem wird gegeben
Like *father*, like son	Der Apfel fällt nicht weit vom Stamm
Fuel to the *fire*	Öl in die Flammen gießen
First come, first served	Wer zuerst kommt, mahlt zuerst
First up, best dressed (*Irish*)	Wer zuerst kommt, mahlt zuerst
He's as *fit* as a mallee bull/mallee trout (*Aussie*)/He's as *fit* as a fiddle (*Irish*)	Er ist fit wie ein Turnschuh
A *fool* and his money are soon parted	*Ein Dummkopf ist sein Geld bald wieder los*
Once a *fool*, always a fool (*Irish*)	Es kann keiner aus seiner Haut
Fools rush in where angels fear to tread	Blinder Eifer schadet nur
You may *fool* all of the people some of the time, some of the people all of the time, but not all of the people all of the time	*Du kannst nicht ständig alle Leute für dumm verkaufen*
To put one's *foot* in one's mouth	Ins Fettnäpfchen treten
To have *foot*-in-mouth disease	Ständig ins Fettnäpfchen treten
Forgive and forget	Vergeben und vergessen
To err is human, to *forgive* divine	Irren ist menschlich, Vergeben ist göttlich
Don't be backwards in coming *forward* (*Irish*)	Stell dein Licht nicht unter den Scheffel
You can't run with the *fox* and chase with the hounds (*Irish*)	Man kann nicht zwei Herren dienen
A *friend* in need is a friend indeed	Die wahren Freunde erkennt man in der Not
He's all *froth* and no beer (*Aussie*)	Bei ihm ist nichts dahinter
Forbidden *fruit* is the sweetest	Verbotene Früchte sind am süßesten
(To jump) out of the *frying pan* into the fire	Vom Regen in die Traufe kommen
For *fun* and fancy to please old Nancy (*Aussie*)	Aus Spaß an der Freud
No pain, no *gain*	Ohne Schweiß keinen Preis
He would talk a *glass eye* to sleep (*Aussie*)	Er redet dir ein Loch in den Bauch
That goes against the *grain*	Das geht mir gegen den Strich
God helps those who help themselves	Hilf dir selbst, dann hilft dir Gott
Man proposes but *God* disposes	Der Mensch denkt und Gott lenkt
Whom the *gods* love dies young	Wen Gott liebt, ruft er früh zu sich
You can't serve *God* and Mammon	Man kann nicht Gott und dem Mammon dienen
Cleanliness is next to *godliness*	Ordnung ist das halbe Leben
I'm *going to* see a star about a twinkle/see Aunty (*Aussie*)	Ich glaub mich hat jemand gerufen

All that glitters is not *gold*	Es ist nicht alles Gold, was glänzt
One *good* turn deserves another	Eine Hand wäscht die andere
The *grass* is always greener on the other side of the fence	Die Kirschen in Nachbars Garten schmecken besser
Be *hand* in glove with someone	Mit jemandem unter einer Decke stecken
Win *hands* down	Spielend gewinnen
Never bite the *hand* that feeds you	Säge den Ast nicht ab auf dem du sitzt
Give a man enough rope and he'll *hang* himself	*Der dreht sich schon selbst seinen Strick*
She's as *happy* as a pig in muck (*Irish*)	Sie ist überglücklich
Run with the *hare* and hunt with the hounds	Man muss mit den Wölfen heulen
More *haste*, less speed	Eile mit Weile
Haste makes waste	Gut Ding will Weile haben
I'll eat my *hat* if ...	Ich fresse einen Besen, wenn ...
If the *hat* fits, wear it (*Am*)	Wem der Schuh passt, der soll ihn sich anziehen
Have it and you'll get it (*Irish*)	Wo viel ist kommt immer noch etwas dazu/Wer hat, dem wird gegeben
Make *hay* while the sun shines	Das Eisen schmieden, so lange es heiß ist
Fall *head* over heels in love with someone	Sich über beide Ohren in jemanden verlieben
I can't make *head* or tail of it	Ich werde daraus nicht schlau
Two *heads* are better than one	Zwei Köpfe sind besser als einer/Vier Augen sehen mehr als zwei
To wear one's *heart* on one's sleeve	Das Herz auf der Zunge tragen
May you be in *heaven* half an hour before the devil knows you're dead! (*Irish*)	Viel Glück!
The road to *hell* is paved with good intentions	Der Weg zur Hölle ist mit guten Vorsätzen gepflastert
Every little bit *helps*	Kleinvieh macht auch Mist
An Englishman's/A man's (*Am*) *home* is his castle	*In meinem Haus habe ich das Sagen*
Home is where the heart is	In der Heimat ist es doch am schönsten
Home, sweet home/There's no place like *home*	Trautes Heim, Glück allein
Honesty is the best policy	Ehrlich währt am längsten
There is *honour* among thieves	Eine Krähe hackt der anderen kein Auge aus
Nobody cares/gives two *hoots* about it	Es kräht kein Hahn danach/Darauf gibt niemand einen Pfifferling
Hope springs eternal (in the human breast)	Die Hoffnung (im Busen) nähren
Don't change *horses* in mid-stream	Während des Rennens wechselt man nicht das Pferd
To shut the stable door after the *horse* has bolted	Den Brunnen erst abdecken, wenn das Kind schon hineingefallen ist
Never look a gift *horse* in the mouth	Einem geschenkten Gaul schaut man nicht ins Maul
You can take a *horse* to water, but you can't make him drink	Man kann niemanden zu seinem Glück zwingen
The darkest *hour* is that before the dawn	Wenn die Not am größten ist, ist die Rettung am nächsten
People who live in glass *houses* shouldn't throw stones	Wer im Glashaus sitzt, soll nicht mit Steinen werfen
Ignorance is bliss	*Selig sind die Unwissenden*
Imitation is the sincerest form of flattery	*Das größte Kompliment ist die Nachahmung*
Strike while the *iron*'s hot	Man muss das Eisen schmieden, solange es heiß ist
All work and no play makes *Jack* a dull boy	Zu viel Arbeit ist ungesund
Jack of all trades, master of none	Ein Hansdampf in allen Gassen
You can't have *jam* on both sides (*Irish*)	Man kann nicht alles haben

If a *job*'s worth doing, it's worth doing well	Was man macht, das macht man richtig
Never *judge* a book by its cover (*Irish*)	Der Schein trügt
I'm happy as a boxing *kangaroo* in fog (*Aussie*)	Mir ist zum Heulen zumute
If he bought a *kangaroo* it wouldn't hop (*Aussie*)	Er ist ein richtiger Pechvogel
He's got *kangaroos* in the top paddock (*Aussie*)	Er hat nicht alle Tassen im Schrank
If you can't stand the heat, get out of the *kitchen*	*Wenn es dir zu heiß wird, dann steig lieber aus*
Knowledge is power	Wissen ist Macht
A *labour/labor* (*Am*) of love	Aus Liebe zur Sache
Better *late* than never	Besser spät als gar nicht
Laugh and the world laughs with you (cry and you cry alone)	*Solange es einem gut geht, hat man viele Freunde*
He who *laughs* last, laughs longest/best	Wer zuletzt lacht, lacht am besten
Leave well enough alone	*Die Finger davonlassen*
A *leopard* can't change his spots	Man kann nicht über seinen eigenen Schatten springen
You can bet your *life* on that	Darauf kannst du Gift nehmen
Not on your *life*!	Nie im Leben!
That's *life*!	So ist das Leben!
Lightning never strikes twice in the same place	Der Blitz schlägt nicht zweimal an der selben Stelle ein
The *lights* are on but there's nobody home (*Irish*)	Er/Sie ist strohdumm
Like it or lump/leave (*Am*) it	Vogel friss oder stirb
Live and let live	Leben und leben lassen
The streets (of *London* (*Br*)) are paved with gold	Das Geld liegt auf der Straße
Look after your own first (*Irish*)	Jeder ist sich selbst der Nächste
Look before you leap	Erst wägen, dann wagen
All's fair in *love* and war	In der Liebe und im Krieg ist alles erlaubt
The course of true *love* never did run smooth	Keine Liebe ohne Schmerz/Die Liebe geht oft seltsame Wege
Love is blind	Liebe macht blind
Manners maketh (the) *man*	*Gutes Benehmen ist das A und O*
One man's meat is another *man*'s poison	Des einen Eule ist des anderen Nachtigall/Jedem das Seine
Marriages are made in heaven	Ehen werden im Himmel geschlossen
Marry in haste, repent at leisure	Schnell gefreit, lang bereut
No man can serve two *masters*	Niemand kann zwei Herren dienen
Measure twice and cut once (*Irish*)	*Besser zweimal prüfen*
There's more *meat* on a butcher's pencil (*Irish*)	Er ist so dünn wie eine Bohnenstange
He finally got a taste of his own *medicine*	Ihm wurde mit gleicher Münze heimgezahlt
Keeping *mice* at a crossroads is easier than … (*Irish*)	Es ist leichter einen Sack Flöhe zu hüten, als …
A *miss* is as good as a mile (except in horseshoes and handgrenades)	Knapp vorbei ist auch daneben
Give him an inch and he'll take a *mile*	Wenn man ihm den kleinen Finger gibt, nimmt er die ganze Hand
It's no use crying over spilt *milk*	Wegen verschütteter Milch soll man keine Tränen vergießen
Great *minds* think alike	Das wollte ich auch gerade sagen
Money talks	Geld regiert die Welt
(The love of) *Money* is the root of all evil	Geld ist die Wurzel allen Übels
Make *money* hand over fist	Das Geld nur so scheffeln
Don't make a *mountain* out of a molehill	Mach aus einer Mücke keinen Elefanten

Where there's *muck*, there's money/brass	*Dreck und Geld liegen nah beisammen*
Necessity is the mother of invention	Not macht erfinderisch
She's *nervous* as a mother roo in a room full of pickpockets (*Aussie*)	Sie ist total nervös
It's *nice* to be nice, but it's not nice to be too nice (*Irish*)	*Es ist nett, nett zu sein, aber es ist nicht mehr nett, zu nett zu sein*
Bad *news* travels fast	Schlechte Nachrichten verbreiten sich am schnellsten
No *news* is good news	*Wenn man nichts von jemandem hört, wird schon alles in Ordnung sein*
Cut off one's *nose* to spite one's face	Sich ins eigene Fleisch schneiden
This stands out like the *nose* on your face (*Irish*)	Das ist klar wie Kloßbrühe
Nothing ventured, nothing gained	Wer nicht wagt, der nicht gewinnt
There's *nothing* new under the sun	Es ist alles schon mal da gewesen
Great *oaks* from little acorns grow	Kleine Ursache, große Wirkung
As like as two *peas* in a pod	Sich wie ein Ei dem anderen gleichen
Casting *pearls* before swine	Perlen vor die Säue werfen
The *pen* is mightier than the sword	Die Feder ist mächtiger als das Schwert
A bad *penny* always turns up (again)	*Jemand, den man nicht mehr sehen möchte, taucht immer wieder auf*
In for a *penny*, in for a pound	Wer A sagt, muss auch B sagen
Look after the *pennies* and the pounds will look after themselves	Wer den Pfennig nicht ehrt, ist des Talers nicht wert
Physician, heal thyself	Fass dich an deiner eigenen Nase
Put that in your *pipe* and smoke it	Das kannst du dir hinter die Ohren schreiben
He who pays the *piper* calls the tune	Wer zahlt, schafft an
A *place* for everything and everything in its place	Alles an seinem Ort und zu seiner Zeit
Be as thick as two short *planks*	Dumm wie Bohnenstroh sein
She's like a *possum* up a gumtree (*Aussie*)	Sie ist überglücklich
Don't stir the *possum*! (*Aussie*)	Mach bloß kein Aufsehen!
A watched *pot* never boils	*Wenn man auf etwas wartet, dauert es ewig*
The *pot* calls the kettle black	Ein Esel schimpft den anderen Langohr
Poverty is no crime	Armut ist keine Schande
Practice makes perfect	Übung macht den Meister
Every man has his *price*	Jeder hat seinen Preis/Niemand ist unbestechlich
An ounce of *prevention* is better than a pound of cure/ *Prevention* is better than cure	Vorbeugen ist besser als Heilen
Pride goes before a fall	Hochmut kommt vor dem Fall
Procrastination is the thief of time	Was du heute kannst besorgen, das verschiebe nicht auf morgen
The *proof* of the pudding is in the eating	Probieren geht über Studieren
A *prophet* is not without honour, save in his own country	Der Prophet gilt nichts im eigenen Land
You can't fit a *quart* into a pint pot	Die Quadratur des Kreises
There are two sides to every *question*	Es hat alles seine zwei Seiten
It never *rains* but it pours	Ein Unglück kommt selten allein
You *reap* what you sow	Man erntet, was man gesät hat
Revenge is sweet!	Rache ist süß!
There's neither *rhyme* nor reason in that	Das hat weder Hand noch Fuß
(To go) From the sublime to the *ridiculous* (is but a step)	Genialität und Wahnsinn liegen nahe beieinander

He's living the life of *Riley*	Er lebt wie die Made im Speck
All roads lead to *Rome*	Alle Wege führen nach Rom
Rome wasn't built in a day	Rom wurde nicht an einem Tag erbaut
When in *Rome*(, do as the Romans do)	Andere Länder, andere Sitten
A *rose* by any other name would smell as sweet	Namen sind nur Schall und Rauch
What's *sauce* for the goose is sauce for the gander	Was dem einen recht ist, ist dem anderen billig
Every day is a *schoolday* (*Irish*)	Man lernt nie aus/jeden Tag dazu
Seeing is believing	Sehen heißt glauben
All is not what it *seems*	Der Schein trügt
Have *skeletons* in the closet	Leichen im Keller haben
Share and share alike	Brüderlich teilen/Wer gibt, dem wird gegeben
You might as well be hanged for a *sheep* as for a lamb	Wenn schon, denn schon
Don't spoil the *ship* for a ha'porth of tar	*Am falschen Ende sparen*
Out of *sight*, out of mind	Aus den Augen, aus dem Sinn
Silence is golden	Reden ist Silber, Schweigen ist Gold
It's *sink* or swim	Friss Vogel oder stirb
Six of one and half a dozen of the other	Jacke wie Hose/Das ist gehupft wie gesprungen
He's *skinny* as a sapling with the bark scraped off (*Aussie*)	Er ist so dünn wie eine Bohnenstange
The *sky's* the limit	Nach oben sind keine Grenzen gesetzt
There's no *smoke* without fire	Kein Rauch ohne Feuer
She's a *snag* short of a barbie (*Aussie*)	Sie ist strohdumm
The *spirit* is willing but the flesh is weak	Der Geist ist willig, aber das Fleisch ist schwach
A good *start* is half the battle (*Irish*)	Frisch gewagt, ist halb gewonnen
A rolling *stone* gathers no moss	*Ein Vagabund wird es nie zu etwas bringen*
Any port in a *storm*	*In der Not kommt jede Hilfe recht*
A drowning man will clutch at a *straw*	Ein Ertrinkender greift nach jedem Strohhalm
(It's) The last *straw* (which) breaks the camel's back	Der letzte Tropfen bringt das Fass zum Überlaufen
That's the last *straw*!	Das schlägt dem Fass den Boden aus!
One *swallow* doesn't make a summer	Eine Schwalbe macht noch keinen Sommer
Sweet Fanny Adams/S.F.A.	Null Komma nichts
What you lose on the *swings* you gain on the roundabouts	Das ist gehupft wie gesprungen
You can't *take* it with you (when you go *or* die)	Das letzte Hemd hat keine Taschen
It takes two to *tango*	Es gehören immer zwei dazu
He's as *thin* as a lat (*Irish*)	Er ist so dünn wie eine Bohnenstange
A stitch in *time* saves nine	Was du heute kannst besorgen, das verschiebe nicht auf morgen
There's no *time* like the present	Was du heute kannst besorgen, das verschiebe nicht auf morgen
Time and tide wait for no man	*Eine gute Gelegenheit muss man am Schopf packen/Jetzt oder nie!*
Time *flies*	*Die Zeit rast davon*
Time is a great healer	Die Zeit heilt alle Wunden
Time is money	Zeit ist Geld
Tit for tat!	Wie du mir, so ich dir!
Never put off till *tomorrow* what you can do today	Was du heute kannst besorgen, das verschiebe nicht auf morgen
Tomorrow is another day	Morgen ist auch noch ein Tag

Tomorrow never comes	Morgen, morgen, nur nicht heute (, sagen alle faulen Leute)
Bite your *tongue*!/Bite one's *tongue*	Verbeiß es dir!/Sich lieber auf die Zunge beißen
It was a slip of the *tongue*	Es ist so rausgerutscht
Truth is stranger than fiction	Die Realität ist erfinderischer als alle Phantasie
United we stand, divided we fall	Einigkeit macht stark
Variety is the spice of life	Vielfalt ist die Würze des Lebens
Virtue is its own reward	Die Tugend ist sich selbst der Lohn
Walls have ears	Hier haben die Wände Ohren
Love somebody, *warts* and all	Jemanden so nehmen, wie er ist
Waste not, want not	Spare in der Zeit, so hast du in der Not
Still *waters* run deep	Stille Wasser sind tief
Where there's a *will*, there's a way	Wo ein Wille ist, ist auch ein Weg
It's an ill *wind* that blows nobody any good	Des einen Leid, des andern Freud
We're not out of the *wood* yet	Wir sind noch nicht über den Berg
To pull the *wool* over someone's eyes	Jemandem Sand in die Augen streuen
There's many a true *word* spoken in jest	Kinder und Narren sagen die Wahrheit
Fine *words* butter no parsnips	Schöne Worte allein genügen nicht
We must *work* to live, not live to work	Man arbeitet um zu leben, man lebt nicht um zu arbeiten
A bad *workman* blames his tools	*Einen Sündenbock suchen*
It takes all sorts to make the/a *world* go round	Es gibt (immer) solche und solche
The *work* is not done ,til the paperwork is finished (*Irish*)	Erst was man schwarz auf weiß besitzt, kann man getrost nach Hause tragen
The *worm* has turned	Auch der Wurm krümmt sich, wenn er getreten wird
Two *wrongs* don't make a right	Zwei Irrtümer ergeben keine Wahrheit

Talking about the weather in the USA

Jim: Man, what lousy weather you have in Oregon! It's been either drizzling or downright pouring all week. This morning they called for occasional showers but it's been raining non-stop since breakfast. Someone told me that if you see a patch of sky, it's considered a sunny day here. And it's really chilly! The cold damp air works its way down to your bones until you're freezing. Where I come from in California, we have one sunshiny day after another and the air is warm and dry. There's even a nice breeze from the ocean sometimes.

Barb: Yea, this drizzle can be really depressing and the dampness chills you to your bones and it's even worse when a cold, biting wind rips through the streets. But you know what they say, we have fog and you have smog.

Jim: Ha Ha. At least our winters are bearable. It may cool down and rain a little but we hardly ever need to wear more than a sweater.

Barb: Okay, you're got me there. Here, the winter's pretty bad. It stays damp and gray but it gets colder to about the freezing point. We hardly ever get any snow – only ice cold rain and ice storms are pretty common.

Jim: You know the first time I saw snow, I was almost 20. We were in Chicago for Christmas and it snowed like crazy. The wind was blowing the snow so hard you couldn't see your hand in front of your face. It was a real blizzard. The next day the sun was shining and the air was so cold and crisp it almost hurt to breath. Our car was buried in the snow so we dug it out, made snowmen and snow angels and then we had a big snowball fight.

Barb: Cool! I was once in Florida when a hurricane blew through. The wind pounded the houses and trees – it was so loud! And it rained in sheets. They issued a flood warning too but we didn't see anything.

Jim: Wow, I'm glad I missed that. I guess a gray day here isn't that bad after all. And it's supposed to clear up on the weekend anyway. I guess it won't get hot but it might warm up a little – mild and sunny is what the weatherman said.

Talking about the weather in Australia

Dave: G'day Karen, stinkin' hot day!

Karen: You can say that again Dave. There's a hot north wind blowin' and plenty of dust about.

Dave: Yeah, good bushfire weather. 35 degrees of clear heat and plenty of dry grass about. The weather man's been announcing "high fire danger" alerts all week.

Karen: And the UV readings are rising to dangerous levels – better remember to "slip, slop, slap."

Dave: And it's only October, I'm not looking forward to the summer, that's for sure! I guess that's what you get for living in the outback.

Karen: Well, you could move to Tasmania – I hear they had snow just last week.

Dave: Bloody freezin' down there. Wet, rainy and miserable 10 months of the year! Even been known to snow in January – in the middle of bloody summer!

Karen: Queensland's more my style ... "beautiful one day, perfect the next," as they say. Summer rains, balmy nights and mild, mild winters.

Dave: My folks, being retired, winter in Cairns every year and head home to Melbourne come cyclone season.

Karen: You know what they say about Melbourne – if you don't like the weather just wait a minute and it will change!

Dave: Yeah, it's all over the place – four seasons in one day. Adelaide's a bit like that too.

Karen: Anyway Dave, 35 degrees suits me – I'm off to the pool. Catch you later.

Dave: Yeah, see ya Karen.

Talking about the weather in England

David: Hi Jane, what ghastly weather! I thought they forecast showers but it hasn't stopped raining since breakfast. It started off as just a drizzle but it's absolutely pouring down now. Have you heard the forecast for the weekend?

Jane: Yes, it's supposed to brighten up. We could certainly do with a bit of sunshine. Someone told me there was going to be an Indian summer this year but we've had no sign of it so far.

David: I'm planning to go sailing so I hope there's going to be some wind. We don't want a howling gale but a good stiff breeze and some bright weather would be just the job.

Jane: Isn't sailing rather chilly at this time of year?

David: Not if you wear suitable clothing. I mean, I don't like it freezing cold, but I'd much rather have it cool and sunny than boiling hot. I'm not one for baking on some Mediterranean beach!

Jane: Oh, I love the summer! The warm, balmy evenings ..., the scent of flowers ...

David: Yeah, summer's nice, especially when you can go swimming in the sea, but I have to say I like a good thunderstorm too, with lots of thunder and lightning – it's so dramatic. And what about a cold, crisp winter's day with frost on the ground or even snow – doesn't that appeal to the romantic in you? Do you ski?

Jane: In this country? You must be joking, it's far too cold! I tried it once in Scotland and had to endure a week of mist, hail and blizzards.

David: You sissy! I've had some great weather up in the Scottish mountains, you must have just been unlucky.

Jane: Well, give me sunshine any day. Talking of which, isn't that a patch of blue sky up there? I think it might be clearing up. You might be lucky with your sailing weekend after all.

Talking about the weather in Ireland

Breda: Good morning Seamus, what's the weather doing out there now?

Seamus: It's a soft day Breda, that auld (*old*) misty rain looks like it could be down for the day.

Breda: Well at least it's better than yesterday, that was a really dirty day.

Seamus: Sure it poured from the heavens the whole day. I thought it would ease off after a while but there was no let-up all day; you wouldn't mind a bit of drizzle or even light rain but you couldn't do anything in that downpour.

Breda: And wasn't the wind wicked cold too, it went through to your bones.

Seamus: You wouldn't put a cat out in it.

Breda: I hear the forecast is for a glorious day tomorrow with clear skies and sunshine all day.

Seamus: If it's anything like Saturday, it will be a real scorcher; I was working outside in the afternoon and the sun was splitting the stones. I hope they're right, looking at that sky I can't see it clearing up for a long time but maybe it'll brighten up by this evening.

Breda: I suppose the best of the weather is behind us, you can notice the evenings drawing in and there is a nip in the air in the morning.

Seamus: That's true, but at least the air is fresh, better than that warm humid air. I don't like it when it's so clammy, it's hard to catch your breath and it's just the weather for thunderstorms.

Breda: I don't like the thunder and lightning, I'm afraid for my life of it.

Mary: Morning all, soft day, though I can see a break in the cloud coming from the west. I think it might be going to clear up in the afternoon; mind you, there's a bite in that wind so you'll need to wrap up if you're going out.

Talking about the weather in Scotland

Alistair: Hi, Jenny, what's it like out there now? Is it still bucketing down?

Jenny: That miserable rain, you mean?

Alistair: Aye (*Yes*) – it hasn't stopped all day.

Jenny: It's still pouring outside – absolutely chucking it down and it's freezing too! But at least it's not snowing! The forecast had said there may be a wee (*small*) chance of snow showers, with brighter patches later on, but how often do the forecasters get that right?

Alistair: Yeah, I know, the sky looked really dark earlier on, like it was going to rain or snow and just when I began to hope that the weather would improve too! It was such a glorious day yesterday! Bright blue skies, not a cloud in sight.

Jenny: Yes, but it was still a bit chilly, though; that cold wind has never let up! It cuts right through to the bone!

Alistair: Yes, it is pretty windy; but I quite like it, when it's bright and breezy – still, not too bad for late February, I suppose! At least we have spring to look forward to.

Jenny: I hate the winter! I'm much more a summer person. I love it when it's boiling hot outside. Scorching or roasting as my mother calls it. That's my idea of perfect weather! Long summer days and nights. I live in the wrong country – wishing for weather like that! When it's too hot, though, I find it gets really humid and clammy, then the thunder and lightning starts and I'm terrified of thunderstorms, they scare the life out of me!

Alistair: Well this constant dreich (*dreary*) weather really gets me down! Dark skies, early nights, wind and rain, non-stop. Difficult to tell whether it's autumn or winter.

Jenny: Yes, the kids call it minging (*awful*) weather! I just call it lousy.

Alistair: Well, looks like it's not raining cats and dogs any more, it's only a drizzle and the clouds seem to be clearing too – you couldn't see the mountains for the mist an hour ago. Might turn into a braw (*fine*) day after all, as the forecast said it would – better not hold your breath though, as it's so temperamental this time of the year!

What time is it?

5:15	It's **(a) quarter past five.**	It's **fifteen minutes past five.**	It's **five fifteen.**
8:25	It's **twenty-five past/after** (*Am*) **eight.**	It's **twenty-five minutes past/after** (*Am*) **eight.**	It's **eight twenty-five.**
9:30	It's **half past nine.**	It's **nine thirty.**	It's **half nine.**
11:10	It's **ten past/after** (*Am*) **eleven.**	It's **ten minutes past/after** (*Am*) **eleven.**	It's **eleven ten precisely/exactly.**
12:00	It's **twelve.**/ It's **noon.**	It's **twelve o'clock.**	It's **twelve noon.**
11:40	It's **twenty to twelve.**	It's **twenty minutes to twelve.**	It's **eleven forty.**
13:45	It's **(a) quarter to two.**	It's **fifteen minutes to two.**	It's **one forty-five.**
17:55	It's **five to six.**	It's **five minutes to six.**	It's **five fifty-five.**
19:00	It's **seven.**	It's **seven o'clock.**	It's **seven o'clock on the dot.**/It's **precisely** (*or* **exactly**) **seven o'clock.**
0:00	It's **twelve.**/ It's **midnight.**	It's **twelve o'clock.**	It's **twelve midnight.**

Geschäftsbriefe

Angebotsanfrage

Firma
Egon Mustermann
Schöne Straße 1
70368 Stuttgart

Hamburg, den 30.10.2002
ABC/ab

Anfrage für ein Angebot

Sehr geehrte Damen und Herren,

Ihrer Anzeige in der Zeitschrift „Büro & Co" haben wir entnommen, dass Sie einer der führenden Büromöbelhersteller im deutschsprachigen Raum sind, und dass Sie über ein breites Angebot an Raum sparenden und optisch ansprechenden Büromöbelvarianten verfügen.

Da wir die Absicht haben, in Kürze unsere Büroräume mit einer Fläche von insgesamt 2000 m^2 neu zu möblieren, bitten wir Sie um Zusendung Ihres ausführlichen illustrierten Katalogs sowie Ihrer aktuellen Preisliste und um Angabe Ihrer Liefer- und Zahlungsbedingungen.

Wir möchten Sie bitten, uns die günstigsten Preise zu nennen, da es sich im Falle einer Auftragserteilung um einen Auftrag größeren Umfangs handelt. Sollten uns Ihre Bedingungen zusagen und die Qualität Ihrer Möbel unseren Erwartungen entsprechen, werden wir unseren Bedarf an Büromöbeln gerne auch in Zukunft bei Ihnen decken. Wir möchten Sie schon heute darauf hinweisen, dass unsere neue Filiale, die Anfang nächsten Jahres eröffnet wird, ebenfalls neu möbliert werden soll.

Mit freundlichen Grüßen

ABC GmbH
i. A.

Anton Bauer

30th October 2002

Elite Furnishings Ltd
35 Cross Street
Edinburgh EH3 6SA
SCOTLAND

Dear Sirs,

Re: Request for further information

We understand from your advertisement in the Daily Chronicle that you are one of the leading British office furniture manufacturers and that you have a wide range of office furniture at your disposal, not only visually attractive, but also space-saving.

We intend soon to furnish our offices – a total surface area of $2000\,m^2$ and would be grateful if you could send us your detailed illustrated catalogue as well as your current price list and your delivery and payment terms.

We trust that, given the large size of our potential order, you will quote us your most favourable prices. Should we accept your conditions and, should the quality of your furniture meet our expectations, we would be willing to place future orders for office furniture with your company.

We would also like to point out that our new subsidiary, which will open at the beginning of next year, will also require new furniture.

Yours faithfully,

Anthony Moore

For Intertech Ltd

Antwortschreiben auf eine Anfrage

Firma
Anton Muster
Breite Straße 1

70368 Stuttgart

Berlin, den 30.10.2002
ABC/um

Ihre Anfrage vom 10.10.2002

Sehr geehrte Damen und Herren,

bezugnehmend auf den Besuch des Herrn Meier auf der Messe in Stuttgart übersenden wir Ihnen in der Anlage die gewünschten Unterlagen über unsere Elektroherde. Eine aktuelle Preisliste fügen wir ebenfalls bei. Wir sind bereit, Ihnen einen Rabatt von 35 % einzuräumen, vorausgesetzt, der Export wird durch uns direkt durchgeführt.

Unsere üblichen Zahlungsbedingungen sind: unwiderrufliches, bestätigtes Akkreditiv zu unseren Gunsten, auszahlbar bei der ABC Bank, Stuttgart.

Die Lieferzeit für die angebotenen Herde beträgt derzeit 6–8 Wochen.

Wir würden uns freuen bald von Ihnen zu hören.

Mit freundlichen Grüßen
ABC GmbH & Co. KG
i. A.

Ulrike Meier

Anlage

Our ref: ABC/um
30th October 2002

Newdev International Ltd
27 London Road
Teddington
Middlesex TW10 7RE
ENGLAND

Dear Sirs,

Re: Your enquiry dated 10th October 2002

With reference to Mr March's visit to the trade fair in Newcastle, we enclose the requested documentation pertaining to our electric cookers. We also enclose a current price list. We are pleased to confirm that we are able to give you a 35% discount, provided that the export is carried out directly through us.

Our usual payment condition is an irrevocable, confirmed letter of credit in our favour, payable to the Main National Bank, London.

Delivery time for the electric cookers is 6–8 weeks.

We look forward to hearing from you in the very near future.

Yours faithfully,

Sarah Gallagher

For Discount Kitchens Ltd

Encl.

Antwortschreiben

Firma
Ulrich Mustermann
Musterstraße 1
70368 Stuttgart

München, den 20.05.2002
XYZ/fm

Ihre Anfrage

Sehr geehrter Herr Mustermann,

wir danken Ihnen für Ihre Anfrage vom 30.04. und freuen uns, dass Sie sich für unsere Produkte interessieren. Gerne schicken wir Ihnen in der Anlage unseren illustrierten Katalog sowie unsere aktuelle Preisliste (Preisänderungen vorbehalten). Die Lieferzeit der von Ihnen gewünschten Artikel beträgt derzeit ca. 2 Monate.

Wir garantieren Ihnen erstklassige Ware und hoffen, dass unsere günstigen Preise Sie veranlassen werden, uns einen Auftrag zu erteilen, den wir selbstverständlich rasch und sorgfältig ausführen werden.

Wir würden uns freuen, einen Auftrag von Ihnen zu erhalten.

Mit freundlichen Grüßen

XYZ GmbH & Co. KG
i. A.

Fritz Müller

Anlage

Our ref: XYZ/fm
20th May 2002

Langtech International Ltd
F.A.O. Mr Slater
37 Victoria Road
Birmingham B25 7GD
ENGLAND

Dear Mr Slater,

Re: Your product enquiry

We thank you for your enquiry dated 30th April and the interest you have shown in our products. We have pleasure in enclosing our illustrated catalogue and current price list (prices are subject to change). The delivery time for the products you are interested in is approximately 2 months.

We guarantee you first-class goods and hope that our reasonable prices will convince you in placing an order with us, which will then be processed promptly and efficiently.

We look forward to receiving your order in due course.

Yours sincerely,

Frank Searle

For Edupublications Ltd

Encl.

Auftragserteilung

Firma
Fritz Muster GmbH
z. H. Frau Müller
Musterstraße 1

80358 München

Stuttgart, den 30.06.2002
FGH/df

Auftragserteilung

Sehr geehrte Frau Müller,

wir danken Ihnen für Ihr Angebot vom 20.06. und für die uns übersandten Muster. Da die Qualität der Muster unseren Erwartungen entspricht, bestellen wir zu den in Ihrem Angebot genannten Preisen und Bedingungen:

1.   …
2.   …
3.   …

Bitte tragen Sie dafür Sorge, dass die gelieferten Waren genau den Mustern entsprechen.

Da wir die Waren dringend benötigen, müssen wir auf Lieferung innerhalb der von Ihnen genannten Frist von 4 Wochen bestehen. Zahlung erfolgt innerhalb von 10 Tagen nach Eingang Ihrer Rechnung durch Überweisung auf Ihr Konto bei der CDE Bank München.

Sollte die erste Lieferung zu unserer Zufriedenheit ausfallen sind wir gerne bereit Ihnen weitere Aufträge zu erteilen.

Mit freundlichen Grüßen

FGH GmbH & Co

i. A.

Doris Frank

Our ref: FGH/df
30th June 2002

EHNK Ltd
F.A.O. Ms Neilsson
26 Turner Street
Hull
ENGLAND

Dear Ms Neilsson,

Re: Order No. 123

We thank you for your offer dated 20th June and for the enclosed sample. Since the quality of the sample meets our expectations, we would like to place the following order according to the prices and conditions of your offer.

1.   …
2.   …
3.   …

Please ensure that the ordered goods are of the same quality as the sample. Since we require the goods urgently, a delivery date sooner than your stipulated 4 weeks would be greatly appreciated.

Payment will be made within 10 days of receipt of your invoice by bank transfer to your account at the CDE Bank Leeds.

Should this first delivery be to our satisfaction, we would be happy to place further orders with your company.

Yours sincerely,

Doris Frank

For FGH Ltd

Auftragsbestätigung

Firma
Egon Muster GmbH
z. H. Frau Schwarz
Große Straße 10

10123 Berlin

Hamburg, den 10.07.2002
DEF/ks

Auftragsbestätigung

Sehr geehrte Frau Schwarz,

wir danken Ihnen für Ihren Auftrag vom 23.06. und senden Ihnen in der Anlage den von uns
unterzeichneten Liefervertrag in doppelter Ausfertigung. Bitte senden Sie uns ein mit Ihrer Unterschrift
versehenes Exemplar zurück.

Ihren Anweisungen werden wir selbstverständlich genau Folge leisten. Wir versichern Ihnen, dass wir
unser Möglichstes tun werden, um Ihren Auftrag zu Ihrer vollsten Zufriedenheit auszuführen und hoffen,
dass mit diesem Erstauftrag eine dauerhafte und zufriedenstellende Geschäftsverbindung zwischen unseren
Häusern entsteht.

Mit freundlichen Grüßen

DEF GmbH
i. A.

Karin Schmidt

Anlage:

Unterzeichneter Liefervertrag

Our ref: DEF/ks
10th July 2002

Interlang Ltd
F.A.O. Ms Attwood
34 St James Road
Cambridge CB3 4RU
ENGLAND

Dear Ms Attwood,

Re: Confirmation of order 123

We thank you for your order dated 23rd June and herewith enclose two copies of the delivery agreement. Please sign both copies and return one of them to us.

We will naturally comply with your instructions and assure you that we will do our utmost to process your order to your full satisfaction. We hope that this first order will generate a lasting and profitable relationship between our companies.

Yours sincerely,

Karen Smith

For DEF Ltd

Encl.

2 copies of delivery agreement

Alternatives Angebot

Firma
Fritz Musters OHG
z. H. Frau Schiller
Kleine Straße 10
60234 Frankfurt

Mannheim, den 18.09.2002
GHI/cs

Ihr Auftrag vom 27.06.2002

Sehr geehrte Frau Schiller,

besten Dank für Ihren Auftrag vom 27.06.2002.

Leider müssen wir Ihnen mitteilen, dass die von Ihnen gewünschte Qualität nicht mehr vorrätig ist und voraussichtlich erst wieder in ca. 2 Monaten lieferbar sein wird. Wir möchten deshalb anfragen, ob Ihnen eventuell mit einer ähnlichen Qualität, z. B. Nr. 866 auf S. 10 unseres Katalogs, ebenfalls gedient wäre.

Bitte lassen Sie uns Ihre Entscheidung baldmöglichst wissen.

Wir danken Ihnen im Voraus für Ihr Verständnis und Ihr Vertrauen.

Mit freundlichen Grüßen

GHI GmbH
i. A.

Carmen Schulze

18th September 2002

Payne Solutions Ltd
F.A.O. Ms Wright
47 Walshe Street
Oxford OX2 5UH

Dear Ms Wright,

Re: Your order dated 27th June 2002

Thank you very much for your order dated 27th June 2002.

Unfortunately, we must inform you that the goods you require are currently not available and we will not be able to deliver them until 2 months' time. We would therefore like to know whether a similar product, for example article no. 866 on page 10 of our catalogue, would serve as an alternative instead.

Your early reply to this letter would be greatly appreciated.

Once again please accept our sincere apologies and we thank you for your understanding in this matter.

Yours sincerely,

Carmen Hills

For Innovations Ltd

Versandanzeige

Hans Musters GmbH
z. H. Frau Huber
Lange Straße 5
70123 Stuttgart

Köln, den 13.05.2002
JKL/ab

Ihr Auftrag

Sehr geehrte Frau Huber,

wir beziehen uns auf Ihren Auftrag vom 10.04. und freuen uns Ihnen mitteilen zu können, dass die von Ihnen bestellte Ware heute der Bahn übergeben wurde.

In der Anlage senden wir Ihnen eine Kopie unserer Rechnung. Den Wechsel und die Versanddokumente haben wir unserer Bank, der EFG Bank in Köln, übergeben und diese angewiesen die Aushändigung der Dokumente nach Akzeptierung des Wechsels zu veranlassen.

Wir hoffen, dieses Geschäft zu Ihrer vollsten Zufriedenheit abgewickelt zu haben und würden uns freuen bald weitere Aufträge von Ihnen zu erhalten.

Mit freundlichen Grüßen

JKL GmbH
i. A.

Anja Bauer

Anlage

13th May 2002

Davis Burke Ltd
F.A.O. Ms Marlowe
35 Ring Road
Cambridge CB1 7PL
England

Dear Ms Marlowe,

Re: Your order

We confirm receipt of your order dated 10th April and have pleasure in informing you that the goods ordered were despatched today by rail.

In the meantime, we enclose a copy of our invoice. Our bank, the Midland Bank in Edinburgh, is holding the bill of exchange as well as the dispatch documents, and will be responsible for handing over these documents following your acceptance of the goods.

We hope that this transaction has been carried out to your full satisfaction and we look forward to being of service to you again in the near future.

Yours sincerely,

Anita Sandford

For HJK International Ltd

Encl.

Qualitätsbestätigung

Frank Muster GmbH
z. H. Frau Schmid
Alte Straße 99
10999 Berlin

Frankfurt, den 12.12.2002
MNO/ef

Unser Auftrag Nr. A 1234 vom 13.10.

Sehr geehrte Frau Schmid,

die mit obigem Auftrag bestellte Ware ist heute in unversehrtem Zustand bei uns eingetroffen. Nach eingehender Prüfung der Ware konnten wir uns von ihrer erstklassigen Qualität überzeugen und haben heute unsere Bank angewiesen, den Rechnungsbetrag in Höhe von ... auf das Konto der XXX Bank in Berlin zu überweisen.

Mit freundlichen Grüßen

MNO GmbH
i. A.

Elke Fischer

Our ref: MNO/ef
12th December 2002

Grekara Systems Ltd
F.A.O. Ms Stewart
46 Cayton Street
Scarborough YO9 4CY
ENGLAND

Dear Ms Stewart,

Re: Our order no. A 1234 dated 13th October

Please be advised that the above-mentioned order arrived today in good order. After an initial inspection of the goods, we can confirm that we are satisfied with their high quality and have now ordered our bank to transfer the total amount invoiced in the sum of ... to your account at the XXX bank in Manchester.

Yours sincerely,

Emma Fisher

For MNO Ltd

Vertrauliche Anfrage

Günter Muster GmbH
Neue Straße 1
26199 Hamburg

München, den 03.02.2003
OPQ/ak

VERTRAULICHE ANFRAGE

Sehr geehrte Damen und Herren,

die Firma Nord in Hamburg hat sich um unsere Vertretung im norddeutschen Raum beworben und Sie dabei als Referenz genannt. Bei Abschluss eines Vertretervertrages würden wir dieser Firma Konsignationswaren im Wert von ca. ... zur Verfügung stellen.

Wir wären Ihnen deshalb für eine möglichst genaue Auskunft über die Vermögenslage dieser Firma und den Umfang ihrer Geschäfte dankbar. Vor allem würde uns interessieren zu erfahren, ob sie Ihrer Ansicht nach in der Lage ist, den Markt im Raum Norddeutschland intensiv zu bearbeiten. Verfügt die Firma über gute Geschäftsverbindungen in Ihrer Branche?

Wir versichern Ihnen, dass wir Ihre Auskunft als streng vertraulich und für Sie unverbindlich behandeln werden. Ein adressierter Umschlag liegt diesem Schreiben bei.

Mit freundlichen Grüßen
OPQ GmbH
i. A.

Anke Kunz

Our ref: OPQ/ak
3rd February 2003

King Communications Ltd
1 New Street
Cardiff CD4 8DE
WALES

CONFIDENTIAL ENQUIRY

Dear Sirs,

Nielson Communications Company in Birmingham has applied for the position as our Midlands representative and has named you as a referee. As part of the representative contract, we would make goods available to this company on a commission basis to the value of approximately …

We would therefore be grateful if you could furnish us with the precise details of this company's financial situation as well as details of the extent of your dealings with them. Above all, we would be interested to find out if, in your opinion, they would be able to work intensively within the Midlands area and also if you believe that this company has a good relationship with your branch?

We assure you that we will deal with your information in the strictest confidence and without obligation. A self-addressed envelope is enclosed for your reply.

Thank you for your assistance in this matter.

Yours sincerely,

Ann Hollyday

For OPQ Ltd

Encl.

Beschwerde: Lieferzeit

KLM GmbH
z. H. Frau Gruber
Schöne Allee 22
30123 Bremen

CDE/ck
Stuttgart, den 06.06.2003

Bestellung vom 15.04.

Sehr geehrte Frau Gruber,

am 15.04. bestellten wir bei Ihnen Ware, deren Lieferung Sie uns verbindlich bis spätestens 20.05. zusagten. Die Lieferfrist ist mittlerweile um mehr als 14 Tage überschritten und wir sind immer noch nicht im Besitz der bestellten Ware.

Da es sich um einen Saisonartikel handelt, werden Sie sicherlich Verständnis dafür haben, dass wir die Ware nun nicht mehr abnehmen können. Sollte die Ware zwischenzeitlich bei uns eingehen, so erfolgt die Lagerung auf Ihre Rechnung und Gefahr.

Unsere Kundschaft, die den bereits angekündigten Artikel mit großem Interesse erwartet hatte, ist sehr verärgert. Wir können den Umfang des Schadens, der uns durch Ihre Säumigkeit entstehen wird, noch nicht absehen, werden uns aber auf jeden Fall überlegen, ob wir die Geschäftsverbindung mit Ihnen weiterhin aufrechterhalten können.

Mit freundlichen Grüßen

CDE GmbH
i. A.

Carmen Klein

Denim Products, Inc
F.A.O. Ms Depit
Suite # 341
1327 Central Avenue
Houston, Texas 77054
USA

June 6th, 2003

Dear Ms Depit,

Re: Order

On April 15th we ordered goods from you, which you promised to deliver at the latest by 20th May. This delivery deadline has already been exceeded by more than two weeks and, to date, we are still not in possession of the ordered goods.

Since the article ordered is seasonal, I am sure you will understand that we can no longer accept its delivery. Should the goods arrive in the meantime, their storage will be at your own cost and risk.

Our client, who has been awaiting the aforementioned article with great interest, is very annoyed and disappointed. We are not yet able to predict the extent of the damage caused through your delay, but we must now, in any case, reflect on whether or not we are able to continue our professional relationship with your company.

Sincerely,

Carmen Klein

For Corus Management Products Ltd

Mahnung: Lieferung

Firma
XY-Muster
Lange Str. 99
10234 Berlin

München, den 03.02.2003
PQR/ch

Mahnung

Sehr geehrte Damen und Herren,

vor 3 Wochen haben wir die auf der letzten Messe in Frankfurt bei Ihnen bestellte Bohrmaschine erhalten. Leider haben Sie jedoch den Elektromotor nicht mitgeliefert.

Da wir auf die Lieferung des Spezialmotors angewiesen sind steht die Maschine jetzt ungenutzt in unserem Lager, obwohl wir sie für unseren Betrieb dringend benötigen.

Bei unserem Besuch auf der Messe wurde uns von Ihrem Verkaufsleiter, Herrn X, die Lieferung der kompletten Maschine innerhalb von 4 Wochen verbindlich zugesagt. Sie werden daher sicherlich unsere Enttäuschung darüber verstehen, dass die Maschine jetzt mehr als 2 Monate nach Auftragserteilung immer noch nicht einsatzbereit ist.

Wir setzen Ihnen nunmehr eine Nachfrist bis zum Ende dieses Monats. Sollten wir bis dahin nicht im Besitz des Motors sein, lehnen wir die Annahme ab und senden Ihnen die bereits gelieferte Maschine zu Ihren Lasten zurück. Die geleistete Anzahlung in Höhe von … bitten wir in diesem Falle auf unser Konto Nr. 12345 bei der XYZ Bank in München zu überweisen.

Mit freundlichen Grüßen

PQR GmbH
i. A.

Christine Huber

Our ref: PQR/ch
3rd February 2003

Longspec Ltd
17 Wilton Terrace
Dublin 2YX
IRELAND

Dear Sirs,

Re: Reminder

Three weeks ago we received a drill from you which we ordered at the last Trade Fair in Manchester. Unfortunately, the electric motor was not delivered with it.

Since we depend on the delivery of the specialised motor, the drill is currently being stored, unused, in our warehouse, despite it being urgently required for our plant.

We were assured at the Trade Fair by your Sales Director, Mr X, that the complete piece of machinery would definitely be delivered within 4 weeks. You will therefore understand our disappointment that, 2 months since placing the order, the machinery is still not ready for use.

We are setting you a deadline until the end of this month. If by this deadline we have still not received the motor, we will be left with no alternative but to cancel our order and return the machinery to you at your own cost. In addition, we would request you to refund us the deposit already paid in the sum of ... to the XYZ Bank in Dublin, account number 12345.

Yours faithfully,

Christine Hubert

For PQR Ltd

Mahnung: Zahlung

Müller & Meier GmbH
z. H. Frau Schwarz
Schöne Straße 1
20123 Hamburg

XYZ/hh
München, den 10.10.2002

Unsere Rechnung vom 05.09.2002

Sehr geehrte Frau Schwarz,

dürfen wir Sie daran erinnern, dass unsere Rechnung vom 05.09. bereits vor über einem Monat fällig war?

Unsere Bank hat uns heute auf unsere Anfrage hin mitgeteilt, dass bisher noch keine Überweisung von Ihnen eingegangen ist.

Selbstverständlich kann es vorkommen, dass eine Rechnung übersehen wird. Davon gehen wir in Ihrem Fall aus. Da wir Sie nun jedoch auf diese Angelegenheit aufmerksam gemacht haben, sind wir überzeugt, dass Sie den offenstehenden Betrag in Kürze begleichen werden.

Wir möchten Sie bei dieser Gelegenheit auch gleich auf unsere Neuheiten hinweisen. Beiliegend erhalten Sie unseren neuesten Katalog. Da wir schon viele Anfragen zu unseren Neuheiten erhalten haben, empfehlen wir Ihnen, Ihre Bestellung so früh wie möglich aufzugeben, da wir unseren Kunden nur im Fall einer frühzeitigen Bestellung rechtzeitige Lieferung garantieren können.

Wir würden uns freuen bald von Ihnen zu hören.

Mit freundlichen Grüßen

XYZ GmbH
i. A.

Heike Huber

Anlage

Baltech Inc
F.A.O. Ms Black
Floor 23
Canada Towers
624 Green Street
Vancouver
British Colombia V5R 3T1
Canada

October 10th, 2002

Dear Ms Black,

Re: Our invoice number XXX dated September 5th, 2002

May we remind you that the above invoice dated September 5th was due to be paid over a month ago.

Further to our request, our bank has informed us that as of today, they have received no payment from you.

Naturally, invoices can be overlooked and we assume that this is what has happened in this instance. However, since we have drawn this matter to your attention, we trust that the outstanding amount will now be paid in due course.

We would also like to take this opportunity to bring your attention to our new products and have therefore enclosed our latest catalogue. Since we have already received so many enquiries about our new products, we recommend that all orders be placed as soon as possible as we can only guarantee prompt delivery to those customers who have placed their orders early.

We look forward to hearing from you soon.

Sincerely,

Harry Martins

For Intech Inc

Encl.

Kontoausgleich

EINSCHREIBEN

Eisenwaren GmbH
z. H. Frau Müller
Eisenstraße 6
60123 Frankfurt/Main

FGH/mm
Mannheim, 25.08.2003

Kontoausgleich

Sehr geehrte Frau Müller,

obwohl wir wiederholt um Begleichung des noch offen stehenden Betrages in Höhe von ... baten, haben Sie sich bisher hierzu weder geäußert noch eine Zahlung geleistet. Der Betrag ist inzwischen vier Monate überfällig.

Nachdem unsere Geschäftsverbindung bisher harmonisch verlief und wir Sie stets pünktlich belieferten, können wir nicht verstehen, dass Sie uns keinerlei Vorschläge zur Regelung dieser Angelegenheit unterbreiten. Wir hätten uns sicherlich bemüht, eine für beide Seiten zufrieden stellende Lösung zu finden.

Da wir jedoch ebenfalls unseren Verpflichtungen nachkommen müssen, ist uns ein weiteres Entgegenkommen nicht mehr möglich. Wir bitten Sie deshalb, uns unverzüglich mitzuteilen, wie Sie den offen stehenden Betrag begleichen wollen. Im äußersten Fall sind wir mit Teilzahlungen, fällig am 25.09., 25.10. und 25.11., einverstanden.

Ihre Antwort erbitten wir bis spätestens 05.09.2002. Anderenfalls sehen wir uns gezwungen, den Betrag unter Berechnung von 6 % Verzugszinsen per Postnachnahme einzuziehen.

Die Bestellung vom 12.08. d. J. werden wir erst nach Ausgleich Ihres Kontos ausliefern.

Mit freundlichen Grüßen

FGH GmbH
i. A.

Martina Meyer

25th August 2003

Worldwatch Ltd
F.A.O. Ms Chapman
3 Western Road
Birmingham B18 1DF
ENGLAND

Dear Ms Chapman,

Re: Balance of account

Despite repeated requests for payment of the outstanding amount of ... you have up to now neither contacted us, nor sent payment. The outstanding payment is now four months overdue.

Since our hitherto professional relationship has always been harmonious, in addition to the fact that we have always delivered our services to you on time, we cannot understand why you have not shown a single gesture towards settling this matter. On our part we have undertaken great pains to find a mutual solution to this problem.

Since we too have duties to fulfil, a further extended period of grace is not possible. We therefore request that you inform us immediately as to when you will be able to pay the outstanding amount.

Failing that, we would be prepared to accept that you may pay the outstanding amount in instalments, the first payment due on 25th September, and two further payments on 25th October and 25th November, respectively.

We request your reply at the latest by 5th September 2003. Otherwise, we will be obliged to collect the amount invoiced, plus a 6% interest charge for non-payment, on a cash-on-delivery basis.

Please be advised that your order dated 12th August will not be sent until your account has been settled.

Yours sincerely,

Susan Appleton

For Dynamic Solutions Ltd

Verlängerung der Abdruckgenehmigung

XYZ Verlag
z. H. Frau Bayer
Schillerstr. 1
12345 Berlin

Stuttgart, den 19.12.2002

Verlängerung der Abdruckgenehmigung
Titelangabe

Sehr geehrte Frau Bayer,

mit Schreiben vom 02.02.2002 hatten Sie uns die Abdruckgenehmigung für ... im o.g. Werk erteilt (siehe anbei die Fotokopie).

Angesichts eines Nachdruckes in einer Auflage von 10.000 Exemplaren bitten wir Sie hiermit um die Verlängerung der Abdruckgenehmigung und um die Nennung Ihrer Bedingungen für die genannte Anzahl an Exemplaren.

Mit freundlichen Grüßen

EFG VERLAG GmbH
i. A.

Monika Mayer

Anlage

King Communications
F.A.O. Ms Brown
Suite # 643
1077 Bay Street
Ottawa
Ontario K1 1B8
CANADA

December 19th, 2002

Extension of copyright
Cover specifications

Dear Ms Brown,

Your letter dated December 2nd, 2002 contained a copyright authorisation for the following work (see enclosed photocopy).

In view of the fact that we will be doing a reprint of 10,000 copies, we hereby would ask you to extend the copyright authorisation for this reprint, and would ask you to name your conditions for the requested number of sample copies.

Sincerely,

Monica Mayer

For Printshop Ltd

Encl.

Bitte um Zahlungsaufschub

Schmidt & Schultze GmbH
z. H. Frau Werner
Kurze Straße 1
80123 München

MM/eb
Hamburg, den 15.10.2002

Ihr Schreiben vom 10.10.2002

Sehr geehrte Frau Werner,

wir haben Ihr o. g. Schreiben erhalten und bedauern es sehr, dass es uns bisher nicht möglich war, Ihre Rechnung zu begleichen.

Der unerwartete Konkurs eines unserer Kunden hat uns große Unannehmlichkeiten bereitet. Außerdem war der Absatz in den letzten Wochen relativ gering, so dass es uns nicht leicht fiel, unsere laufenden Ausgaben zu bestreiten. Es bleibt uns deshalb nichts anderes übrig, als Sie um einen Monat Aufschub zu bitten. Das Geschäft ist gegenwärtig etwas besser und dürfte sich in Zukunft noch weiter beleben.

Wir wären Ihnen für Ihr Entgegenkommen äußerst dankbar und sind überzeugt, dass es uns gelingen wird, unseren Verpflichtungen innerhalb der nächsten 4 Wochen nachzukommen.

Hochachtungsvoll

Müller & Meyer GmbH
i. A.

Elke Bauer

15th October 2002

Express Technology Ltd
F.A.O. Ms Williams
19 Admiralty Crescent
Alice Springs
NT 0870
AUSTRALIA

Dear Ms Williams,

Re: Your letter dated 10th October 2002

We confirm receipt of your above mentioned letter and apologise that we were not able to pay your invoice before now.

The unexpected bankruptcy of one of our customers has caused us great problems. Furthermore, sales have been relatively slow in the past weeks, so it has not been easy to meet current expenditure. Therefore we have no option but to ask you for a month's grace. Business is picking up and should, in the future, improve even further.

We are extremely grateful for your patience and understanding and feel sure that we will be able to fulfil our duty within the next 4 weeks.

Yours sincerely,

Serena Black

For Thomson & Simon Ltd

Ablehnung eines Rabatts

Muster & Co.
z. H. Frau Schuster
Breite Straße 1
70123 Stuttgart

XXX/sch
Frankfurt, den 22.02.2002

Ihre Bitte um 10 % Nachlass

Sehr geehrte Frau Schuster,

wir haben Ihr Schreiben vom 18.02., in dem Sie um einen weiteren Nachlass von 10 % auf die Preise unseres Angebots vom 10.02. baten, erhalten.

Nach nochmaliger Überprüfung unserer Preise müssen wir Ihnen zu unserem Bedauern jedoch mitteilen, dass es uns nicht möglich ist, Ihnen einen weiteren Rabatt zu gewähren.

Wenn Sie unsere Erzeugnisse mit anderen Fabrikaten vergleichen, werden Sie sicherlich feststellen, dass unsere Waren in Anbetracht ihrer hohen Qualität sehr preisgünstig sind. Eine Reduzierung unserer Preise wäre nur bei einer geringeren Qualität unserer Produkte möglich, die aber sicherlich nicht im Interesse unserer Kunden wäre.

Wir sind überzeugt, dass Sie diese Argumente verstehen werden und würden uns sehr freuen Ihren Auftrag zu erhalten.

Mit freundlichen Grüßen

XXX GmbH
i. A.

Sabine Schmidt

First Choice Inc
F.A.O. Ms Wheeler
52 E 42nd Street
New York, NY 10018
USA

February 22nd, 2002

Dear Ms Wheeler,

Re: Your request for 10% discount

We confirm receipt of your letter dated February 18th in which you requested a further 10% discount on the price of our offer dated February 10th.

Following repeated examination of our prices, we regret to inform you that it is not possible to make any further discount.

If you were to compare our products with those of other manufacturers, you would be convinced that our products, considering their high quality, are very good value for money. Any further reduction of our prices would only be possible through a reduction in the product quality, which we believe, would not be in the best interests of our customers.

We hope you understand our reasons and look forward to receiving your order.

Sincerely,

Jo Monterey

For Grant International Inc

Mängelrüge

Müller & Co.
z. H. Frau Bauer
Lange Straße 1
10345 Berlin

YYY/mm
Köln, den 03.03.2002

Ihre Sendung

Sehr geehrte Frau Bauer,

die am 15.01. bei Ihnen bestellte Sendung Porzellanware traf gestern endlich am Kölner Hauptbahnhof ein.

Es stellte sich jedoch heraus, dass statt der auf der Rechnung aufgeführten 15 Kisten nur 13 geliefert wurden. Außerdem wurde beim Auspacken der Ware festgestellt, dass ein Teil des Inhalts der Kisten Nr. 6, 7 und 9 während des Transports beschädigt wurde, was unseres Erachtens nur auf mangelnde Verpackung zurückzuführen ist.

Wir müssen Ihnen leider mitteilen, dass wir mit der Ausführung unseres Auftrags äußerst unzufrieden sind, da zum einen die in Ihrer Auftragsbestätigung genannte Lieferzeit von 4 Wochen nicht eingehalten wurde, so dass wir bereits zweimal mahnen mussten, und zum anderen die gelieferte Sendung unvollständig und teilweise beschädigt bei uns eingetroffen ist.

Wir möchten Sie daher dringend bitten, uns umgehend die beiden fehlenden Kisten sowie Ersatz für die beschädigten Waren, über die wir eine Aufstellung beilegen, zu liefern.

Eine Fortsetzung unserer Geschäftsbeziehungen müssen wir von der prompten Erledigung unserer Beschwerde abhängig machen.

Mit freundlichen Grüßen

YYY GmbH
i. A.

Marion Meister

Anlage

3rd March 2002

AsiaLink Holdings Ltd
F.A.O. Ms Mew
Unit 21
48 Orchard Link
Singapore 1958

Dear Ms Mew,

Re: Order number 123 – Your delivery number 456

My chinaware order dated 15th January finally arrived yesterday at Reading Station.

It transpired that, instead of the 15 boxes mentioned on the order, only 13 were delivered. Furthermore, it was noted that, upon unpacking the products, some of the contents of boxes 6, 7 and 9 had been damaged in transit, something that in our opinion can only be due to poor packaging.

It is with regret that we inform you that we are wholly unsatisfied with this order, since the 4 week delivery time stated on the order form was not honoured by yourselves. Furthermore, we had to remind you twice of our order before it was finally delivered, only to find that the order was incomplete and partly damaged.

We therefore request that the two missing boxes as well as replacements for the damaged goods received, a list of which you will find enclosed, be dispatched immediately and without any further delay.

The continuation of our business relationship depends on your prompt dealing of our complaint and I trust that this matter will be given your immediate attention.

Yours sincerely,

Marion Matthews

For The China Shop

Encl.

Antwortschreiben auf Reklamation

ABC GmbH
z. H. Frau Heinze
Lange Straße 1
20123 Hamburg

XYZ/abs
München, den 04.04.2002

Ihre Reklamation

Sehr geehrte Frau Heinze,

wir haben Ihr Schreiben vom 03.04. erhalten, in dem Sie uns mitteilten, dass unsere letzte Sendung beschädigt bei Ihnen eintraf und ein Teil der Ware unbrauchbar ist.

Wir bedauern diesen Vorfall sehr, können jedoch kein Verschulden unsererseits feststellen, da wir stets auf sorgfältige Verpackung geachtet haben. Unserer Ansicht nach muss der Schaden durch ein außergewöhnliches Ereignis entstanden sein.

Wir schlagen daher vor, dass Sie den Schaden unter Vorlage der Versicherungspolice, des Havarie-Zertifikats, des Konnossements und der Handelsrechnung der dortigen Vertretung der XXX Seeversicherungs-AG melden.

Sollten Sie allerdings vorziehen, dass wir für Sie die Schadensmeldung vornehmen, so sind wir selbstverständlich gern dazu bereit. In diesem Fall müssten wir Sie jedoch bitten, uns die dafür erforderlichen Unterlagen zur Verfügung zu stellen. Nach der Regulierung des Schadens würden wir Ihnen eine Gutschrift erteilen.

Wir sind überzeugt, dass diese Angelegenheit für beide Teile zufrieden stellend geklärt wird, und dass unsere bisher stets guten Geschäftsbeziehungen hierdurch nicht gefährdet werden.

Mit freundlichen Grüßen

XYZ GmbH
i. A.

Anke Bauer-Schmidt

8th April 2002

The China Shop
F.A.O. Ms Matthews
1 Christchurch Road
Reading

Dear Ms Matthews,

Re: Your letter of complaint dated 3rd April 2002

Receipt of your letter dated 3rd April, in which you informed us that our last order had arrived in a damaged condition and that some of the goods were unusable, is herewith acknowledged.

We deeply regret this incident, however, we cannot assume any responsibility since we always pay careful attention to the packaging of our goods. In our opinion, the damage was probably due to unexpected circumstances on the part of the delivery company.

We therefore suggest that you proceed through the correct insurance channels with the damage report, the bill of landing and the trade bill of the local marine insurance company, XXX Ltd.

We would certainly be prepared to carry out the damage report should you wish us to do so. In this case, we would ask you to supply us with the necessary documentation in order to proceed with the report and we will credit your account with the compensation for the undelivered goods accordingly.

We trust that this matter may now be settled in a manner acceptable to both parties and that our good professional relationship will not be compromised by this unfortunate incident.

Yours sincerely,

Sara Mew

For AsiaLink Holdings Ltd

Bewerbungsschreiben

Bewerbung als Sekretärin

Sabine Maier
Schöne Straße 1
80123 München

Verlag Egon Muster GmbH
z. H. Herrn Dr. Wagner
Lange Straße 1
70124 Stuttgart

München, 15.10.2002

Bewerbung als Sekretärin

Sehr geehrter Herr Dr. Wagner,

mit großem Interesse habe ich Ihre Anzeige in der gestrigen Ausgabe der „Süddeutschen Zeitung" gelesen und möchte mich hiermit um die von Ihnen ausgeschriebene Stelle als Sekretärin bewerben.

Nach meiner Ausbildung zur Fremdsprachensekretärin, die ich im April 1995 erfolgreich abgeschlossen habe, war ich drei Jahre lang als Sekrekretärin in einer Automobilfirma tätig. Seit August 1998 arbeite ich in einer Textilwarenfirma als Export-Sachbearbeiterin.

Da ich mich gerne beruflich verändern möchte und mich eine Tätigkeit in der Verlagsbranche schon immer gereizt hat, bin ich davon überzeugt, dass die zu besetzende Position genau meinen beruflichen Vorstellungen entspricht und ich für diesen Posten sicherlich gut geeignet bin.

Ich verfüge über sehr gute Sprachkenntnisse in Englisch und Französisch sowie über gute Sprachkenntnisse in Spanisch und Grundkenntnisse in Italienisch. Die deutsche Rechtschreibung beherrsche ich perfekt. Desweiteren verfüge ich über gute Stenographie- und Maschinenschreibkenntnisse und bin mit allen Sekretariatsarbeiten bestens vertraut.

Im Laufe meiner bisherigen Tätigkeiten habe ich gute Kenntnisse in den Programmen Word, Excel und QuarkXPress erworben und konnte auch einen Einblick in kaufmännische Zusammenhänge gewinnen.

Mein derzeitiges Gehalt beträgt … brutto. Als frühester Eintrittstermin käme für mich der 01. Januar 2003 in Betracht.

Über eine Einladung zu einem persönlichen Gespräch würde ich mich sehr freuen.

Mit freundlichen Grüßen

Sabine Maier

Anlage:

Lebenslauf
Lichtbild
Zeugniskopien

Sarah Smith
1 High Street
Reading

Technolang Ltd
F.A.O. Dr H. Jones
27 Cross Street
Reading

15th October 2002

Dear Dr Jones,

Re: Application for post of secretary

It was with great interest that I read your advertisement in yesterday's edition of the "Reading Chronicle" and I wish to herewith apply for the position of secretary.

Following my training as a bilingual secretary, which I successfully completed in April 1995, I spent three years working for an automobile company. Since August 1998 I have been working for a textile company as an export specialist.

I am currently seeking to make a professional change and a career in publishing has always appealed to me immensely. I feel sure that my hitherto professional capabilities and experience both correspond to the above job and would therefore consider myself to be a suitable candidate for this position.

I have a very good knowledge of German and French, as well as a good standard of Spanish and a basic knowledge of Italian. I also consider my standard of English spelling to be exceptional. Furthermore I possess good shorthand and typing skills and am familiar with all aspects of secretarial work.

Throughout my career I have acquired a thorough knowledge of the following computer applications: Word, Excel and QuarkXPress and I have also been able to gain an insight into commercial structures.

My present gross salary is ... pounds and, should my application for this position be successful, I would be able to commence work on 1st January 2003 at the earliest.

I would be grateful if you would seriously consider my application and I look forward to hearing from you soon.

Yours sincerely,

Sarah Smith

Encl.

Curriculum vitae
Photograph
Photocopies of certificates

Lebenslauf

Lebenslauf

Name:	Sabine Maier
Geburtstag:	20.05.1975
Geburtsort:	Stuttgart
Staatsangeh.:	deutsch
Eltern:	Anton Maier, Gymnasiallehrer Elke Maier, geb. Huber, Erzieherin
Familienstand:	ledig
Schulbildung:	1981–1985 Grundschule in Stuttgart
	1985–1991 Realschule in Stuttgart Abschluss: Mittlere Reife
Ausbildung:	1991–1993 Sekretärinnenschule Mannheim Abschluss: Diplom-Fremdsprachensekretärin
Tätigkeiten:	1993–1996 Sekretärin in der Automobilfirma ABC AG in Kornwestheim
	1996–2002 Export-Sachbearbeiterin in der Textilwarenfabrik XYZ München

München, den 20.10.2002

Sabine Maier

<u>Curriculum vitae (BRIT)/Resume (AM)</u>

Name:	Sarah Smith
Date of birth:	20.05.1975
Place of birth:	Oxford, UK
Nationality:	British
Marital status:	Single
Education:	1981–1985 Elementary School in Oxford 1985–1991 Secondary School in Oxford Qualification: "O"-levels
Training:	1991–1993 Secretarial School, Guildford Qualification: Bilingual secretarial diploma
Experience:	1993–1996 Secretary in Automobile Company ABC Ltd in London 1996 – present day Export specialist in textile goods factory XYZ in Reading

Bewerbung als Fremdsprachensekretärin

Claudia Schmid
Breite Straße 5
70123 Stuttgart

XYZ AG
z. H. Herrn Dr. Kunze
Seestraße 10
70174 Stuttgart

Stuttgart, 15.02.2002

Bewerbung als Fremdsprachensekretärin

Sehr geehrter Herr Dr. Kunze,

Ihre Anzeige in der gestrigen Ausgabe der „Süddeutschen Zeitung" hat mich angesprochen und ich bin an der von Ihnen ausgeschriebenen Stelle als Fremdsprachensekretärin sehr interessiert.

Meine Ausbildung zur Europasekretärin an der Akademie für Bürokommunikation und Welthandelssprachen (ABW) in Stuttgart werde ich Ende März d. J. mit dem Diplom abschließen. Nach Beendigung meiner Ausbildung möchte ich möglichst sofort ins Berufsleben einsteigen, so dass ich die Stelle zum 01.04.2002 antreten könnte.

Ich hatte schon immer ein großes Interesse an Sprachen und an anderen Kulturen und verfüge über sehr gute Englisch- und Französischkenntnisse sowie über gute Spanischkenntnisse und über Grundkenntnisse in Italienisch.

Der Umgang mit modernen Anwenderprogrammen (Word, Excel) ist mir bestens vertraut. Die selbstständige Erledigung aller im Sekretariat anfallenden Aufgaben sowie organisatorischer Aufgaben bereiten mir große Freude, ferner verfüge ich über sehr gute Stenographie- und Maschinenschreibkenntnisse in Deutsch, Englisch und Französisch und habe viel Spaß an der schriftlichen und mündlichen Kommunikation in Fremdsprachen sowie am Kontakt mit Menschen.

Durch meine frühere Ferientätigkeit als Bürokraft habe ich bereits einen Einblick in den Büroalltag gewinnen können. Meine Nebentätigkeit als Hostess auf der Internationalen Gartenbauausstellung im Sommer 2000 in XXX hat mir durch den Kontakt mit einem internationalen Publikum ebenfalls viel Spaß bereitet.

Über eine Einladung zu einem persönlichen Gespräch würde ich mich sehr freuen.

Mit freundlichen Grüßen

Claudia Schmid

Anlage

Caroline Thomson
5 Harbour Street
Brighton

Elang International Ltd
F.A.O. Dr W. Burton
17 St Catherine's Square
Brighton

15th February 2002

Dear Dr Burton,

Re: Application for the post of bilingual secretary

I noticed with interest your advertisement in yesterday's edition of the "Brighton Chronicle" and am very interested in applying for the position of bilingual secretary.

At the end of March, I hope to graduate as a European secretary from the Commerce and International Trade and Language Academy (CITLA) in Brighton. As I wish to start my professional career as soon as possible after my studies, I shall be available for work as of 1st April 2002.

I have always had a strong interest in languages and foreign cultures and possess a very high level of French and German as well as a good level of Spanish and a basic knowledge of Italian.

I am very familiar with computer processing applications (Word and Excel) and I thoroughly enjoy the challenge of managing all secretarial and organisational tasks independently.

Furthermore I am very competent in English, French and German shorthand/typing and very much enjoy both the written and verbal communication, as well as the contact I encounter with other people, through using my foreign language skills.

Thanks to my previous holiday job as an office assistant, I was able to gain an insight into the day-to-day running of an office. My other occupation as a hostess, dealing with an international public at the Summer 2000 Horticultural Exhibition in XXX, gave me immense pleasure.

I hope that my application will be seriously considered and I look forward to hearing from you in the near future.

Yours sincerely,

Caroline Thomson

Encl.

<u>Lebenslauf</u>

Name:	Claudia Schmid
Geburtstag:	10.06.1970
Geburtsort:	Karlsruhe
Staatsangeh.:	deutsch
Eltern:	Rolf Schmid, Verwaltungsangestellter Martha Schmid, geb. Schultze, Verwaltungsangestellte
Familienstand:	verheiratet, ein Kind
Schulbildung:	1976–1980 Rennbuckel-Grundschule in Karlsruhe
	1980–1986 Humboldt-Gymnasium in Karlsruhe
	1986–1989 Hölderlin-Gymnasium in Stuttgart <u>Abschluss:</u> Abitur
Ausbildung:	1990–1993 Akademie für Bürokommunikation und Welthandelssprachen – ABW in Stuttgart <u>Abschluss:</u> Diplom-Europasekretärin
Tätigkeiten:	September 1989 – August 1990: Au-pair-Stelle in Paris
	Seit Mai 1993: Redaktionsassistentin beim EFG Verlag, Stuttgart
Sprachkenntnisse:	Englisch, Französisch, Spanisch, Italienisch

Stuttgart, den 20.10.2002

Curriculum vitae (BRIT)/Resume (AM)

Name:	Caroline Thomson
Date of birth:	10.06.1980
Place of birth:	Leeds, UK
Nationality:	British
Marital Status:	Married, one child
Education:	1986–1990 Hill Road Elementary School in Leeds
	1990–1996 George VII Secondary School in Leeds
	1996–1999 Mapletree Secondary School in Bradford Qualifications: "A"-levels
Training:	2000–2002 Commerce and International Trade and Language Academy – CITLA in Brighton Qualifications: European secretary diploma
Work Experience:	September 1999 – August 2000: Au-pair in Paris
	May 2001 to date: Publishing assistant at EFG Ltd, Brighton
Languages:	English, French, Spanish, Italian

Persönliche Briefe

Glückwünsche zum Geburtstag

DIREKTOR PETER MUSTER

MASCHINENFABRIK MUSTER GMBH

10. November 2003

Sehr geehrter Herr Schuster,

zu Ihrem 75. Geburtstag möchte ich Ihnen meine herzlichen Glückwünsche aussprechen.

Sie haben sich in den vergangenen Jahren im Kreise Ihrer Geschäftspartner viele Freunde erworben, die sicherlich heute dankbar an Sie denken.

Die überbrachten Blumen sollen ein Zeichen der engen Verbundenheit zu Ihrer Firma sein.

Für Ihr persönliches Wohlergehen wünsche ich Ihnen weiterhin alles Gute. Verbringen Sie noch viele Jahre bei bester Gesundheit inmitten Ihrer Familie.

Mit den besten Grüßen und Wünschen, auch an Ihre Frau Gemahlin, bin ich Ihr

Peter Muster

Peter Hillier

Hillier Factories Ltd

10th November 2003

Dear Mr Smythe,

I would like to send you my very best wishes on the occasion of your 75th birthday.

Please accept the flowers delivered to you as a gesture of the close bond we share with you and your firm.

I wish you many more years of good health together with your family.

With all my very best wishes to you and your dear wife, I remain,

Yours sincerely,

Peter Hillier

Glückwünsche zur Geschäftseröffnung

TEXTILWARENFABRIK PETER MUSTER

HAMBURG

10. August 2003

Sehr geehrter Herr Dr. Schmidt,

wir danken Ihnen für die Zusendung Ihrer Anzeige und möchten Ihnen zur Eröffnung Ihrer neuen Verkaufsräume gratulieren.

Wir sind überzeugt, dass sich Ihr Unternehmen, mit dem uns seit Jahren angenehme Geschäftsbeziehungen verbinden, auch weiterhin aufwärts entwickeln wird.

Sie können weiterhin mit der pünktlichen Lieferung unserer Stoffe rechnen. Es wird uns eine besondere Freude sein, die langjährigen Beziehungen zu Ihrem Hause zu pflegen und auszubauen.

Mit den besten Wünschen, auch für Ihr persönliches Wohlergehen, grüßen wir Sie mit Hochachtung

Peter Muster

Peter Hillier Factories
Bristol
12th August 2003

Dear Dr Appleton,

We thank you for sending us your announcement and would like to take this opportunity to congratulate you on the opening of your new showroom.

We trust that your business, with which we have had a good relationship for years, will develop even further.

Please be assured that you can still depend on the punctual delivery of our fabric and we will take particular pleasure in maintaining and expanding our business relationship with you.

Yours sincerely,

Peter Hillier

Glückwünsche zur Hochzeit

MASCHINENFABRIK PETER MUSTER

STUTTGART

10. Juni 2003

Sehr geehrter Herr Dr. Müller,

seit langem verbinden uns enge geschäftliche Beziehungen. So möchten auch wir heute unter den vielen Gratulanten zu Ihrer Hochzeit sein.

Wir wünschen Ihnen und Ihrer Frau von ganzem Herzen, dass Sie auf Ihrem gemeinsamen Lebensweg Ihr Glück finden.

Bitte sehen Sie das überbrachte Geschenk als Zeichen unserer besonderen Verbundenheit an.

Mit freundlicher Empfehlung

Peter Muster

Peter Hillier Factories

Bristol

20th June 2003

Dear Dr Harper,

As we have had a close business relationship for a long time now, I would like to be amongst those congratulating you on your marriage today.

We would like to wish you and your future wife all the very best for your life together as a couple and we would be pleased if you would accept our gift as a gesture of these sincere wishes.

With kind regards,

Peter Hillier

Beileidsschreiben

PETER MUSTER

DIREKTOR

STUTTGART

10. Juni 2003

Sehr verehrte Frau Schmidt,

zum Hinscheiden Ihres von mir so hoch geschätzten Mannes möchte ich Ihnen mein herzliches Beileid aussprechen.

Ich stand mit Ihrem Mann jahrelang in regem Geschäftsverkehr und hatte Gelegenheit, seine hohen fachlichen Qualitäten schätzen zu lernen. Darüber hinaus wurde er mir auch zu einem guten Freund.

Manchen guten Ratschlag habe ich ihm zu verdanken. Um so tiefer empfinde ich die Lücke, die er hinterlassen hat.

So kann ich auch den Verlust ermessen, den Sie erlitten haben. Mögen Ihnen Ihre Kinder ein Trost in diesen schweren Tagen sein.

Ich versichere Ihnen mein aufrichtiges Mitgefühl.

Ihr

Peter Muster

Peter Hillier
Director
Bristol

10th June 2003

Dear Mrs Wade,

I would like to express my deepest sympathy on the passing of your husband, a man whom I held in very high esteem.

I knew your husband for years through our business connections and had the opportunity to value his professional qualities. Furthermore, he was a very good friend to me.

I have him to thank for so much good advice and I feel that, through his passing, he has left such an empty space behind.

I can only guess the feelings of loss you must be going through and I trust that your children are a comfort to you through these difficult times.

My sincere sympathies, once again, to you and your family.

Yours sincerely,
Peter Hillier

Privatkorrespondenz

DIE ANREDE

Sie schreiben – You write :	
einem guten Bekannten oder Freunden	Dear Steven, Dear Caroline, Dear all,
to good friends or acquaintances	*Liebe Anja!* *Lieber Roland!* *Hallo, Michael!* *Ihr Lieben alle!*
einer Person oder mehreren Personen, die Sie gut bzw. sehr gut kennen	Dear Colleague, Dear Colleagues, Dear Friends, Dear Carol,
to a person or persons you know well	*Liebe Frau Krämpf!* *Liebe Kollegen*
einer Person, die Sie persönlich kennen oder mit der Sie oft zu tun haben	Madam, Sir, Dear Madam, Dear Sir,
to a person with whom you have regular contact	*Sehr geehrte Frau Kahnt,* *Dear Mrs Bakewell* *Sehr geehrter Herr Koch,* *Dear Mr Allan*
einer Firma bzw. einer Person, von der Sie weder Namen noch Geschlecht kennen	Dear Sir or Madam, Dear Sirs,
to a company or person generally	*Sehr geehrte Damen und Herren,*
einer Person, deren Titel oder Berufsbezeichnung bekannt ist	Madam President, Mr President, Madam Director, Sir, Dear Doctor, (Dr.) To The Head of Personnel, *(an einen Personalleiter)*
to a person whose name or title is known	*Dear Dr. Miller* *Sehr geehrter Herr Dr. Müller,* *Dear Professor Smith,* *Sehr geehrter Frau Professor (Schmidt)*

Sehr privat:	**Informal:**
Take care!	Mach's gut!
See you soon!	Bis bald!
Best wishes	Viele Grüße
Kindest regards	Herzlichst

Privat:	**Private:**
Regards	Herzliche Grüße
Yours sincerely	Mit freundlichen Grüßen
Best wishes to you all	Viele Grüße an euch alle
With love (from)	Alles Liebe (Dein/e)

Freundlich und für kurze Briefe:	**Friendly and or short messages :**
Kindest regards	Herzliche Grüße
Yours sincerely	Mit freundlichen Grüßen

Formell, aber freundlich:	**Formal but friendly :**
With best wishes	Mit besten Grüßen
Yours faithfully	Mit freundlichen Grüßen
Yours sincerely	Mit freundlichem Gruß

Sehr respektvoll:	**Formal:**
Yours faithfully or Yours sincerely	Hochachtungsvoll

Anforderung von Prospekten

P. Unger
Schneiderstr. 6
28717 Bremen

An das
Verkehrsamt
Postfach 66 38 92
82211 Herrsching

Bremen, den 2.2.2002

Sehr geehrte Damen und Herren,

wir möchten in diesem Sommer unseren Urlaub am Ammersee verbringen und bitten Sie um Zusendung eines Hotelverzeichnisses und weiterer Informationsmaterialien.

Für Ihre Bemühungen danken wir Ihnen im Voraus.

Mit freundlichen Grüßen

Peter Unger

Wir bitten um Zusendung von ...
Für Ihre Bemühungen danken wir Ihnen im Voraus.

We would be grateful if you could forward ...
Thank you in advance for your assistance

Request for information

Mr & Mrs N Little
5 Bread Street
Manchester
MA11 2BS

The Tourist Information Board
36 Newbridge Street
Bath
BT3 4YX

23 February 2002

Dear Sir or Madam,

As my wife and I are considering spending our summer holiday in Bath this year, we would be grateful if you could send us a list of hotels, as well as any further information you may have on Bath.

Thank you in advance for your assistance.

Yours faithfully,

Mr N Little

I would like to spend my holiday in

send information

Ich möchte meinen Urlaub in ... verbringen.

Prospekte zuschicken

Ein Hotelzimmer reservieren

Sehr geehrte Frau Malo,

vielen Dank für Ihren freundlichen Brief vom 17. Juni sowie den Prospekt, der uns einen Einblick in ihr Haus gegeben hat. Alle Clubmitglieder waren begeistert.

Entsprechend Ihrer Preisliste bitten wir Sie um die Reservierung von:

4 Doppelzimmern mit Dusche und WC,
4 Einzelzimmern mit Dusche und WC.

Wir gehen davon aus, dass sich die Preise jeweils auf die Übernachtung mit Frühstück beziehen.

Wir werden voraussichtlich am 2. Oktober gegen 14 Uhr eintreffen. Beiliegend schicken wir Ihnen die genaue Teilnehmerliste.

Wir freuen uns auf unseren Aufenthalt und danken Ihnen für Ihre Mühe.

Mit freundlichen Grüßen

Monika Ottke

... hat uns einen Einblick in Ihr Haus gegeben
Wir werden voraussichtlich am ... eintreffen

... gave us an insight into your hotel
We intend arriving on ...

Dear Mrs Taylor,

Many thanks for your letter dated 17/6/2002 and hotel brochure, which gave us an insight into the hotel. All of our club members were delighted with the hotel details.

Based on your price list, we would like to reserve the following rooms:

> 4 double rooms with en-suite facilities
> 4 single rooms with en-suite facilities

We assume that the prices stated include breakfast.

We intend arriving on the 2nd October at about 2 pm. Please find enclosed a complete list of our group's details.

We are looking forward to our stay and thank you for all your efforts.

Yours sincerely,

Mr James Cameron

your detailed brochure

I would like to make a reservation...

Ihr Faltblatt, das mich über alle Einzelheiten informiert.

Ich bitte Sie, ... zu reservieren.

Auskünfte über eine Ferienwohnung einholen

Sehr geehrte Frau Schober,

das Informationsmaterial des Fremdenverkehrsbüros mit der Beschreibung der Ferienunterkünfte in Ihrer Region hat uns auf die von Ihnen vermieteten Ferienwohnungen aufmerksam gemacht.

Wir würden gerne die Wohnung für fünf Personen ab dem 15. Juli für drei Wochen mieten, haben aber zuvor noch einige Fragen.

Besteht die Möglichkeit in der Woche anzureisen und die Wohnung für 21 Tage von Mittwoch bis Dienstag zu nehmen? Können Sie uns bitte mitteilen, ob die Endreinigung im Preis inbegriffen ist und ob bzw. in welcher Höhe Sie vor der Anreise eine Anzahlung wünschen? Wird Bettwäsche zur Verfügung gestellt? Und ist Hundehaltung – wir haben einen Dackel – in der Wohnung erlaubt?

Mit freundlichen Grüßen

B. und H. Göckritz

---

das Informationsmaterial des Fremdenverkehrsbüros	*information received from the Tourist Information Board*
die von Ihnen vermieteten Ferienwohnungen	*the apartments which you rent out*
Besteht die Möglichkeit in der Woche anzureisen?	*Is it possible to arrive mid-week?*
Ist die Endreinigung im Preis inbegriffen?	*Is the cost of cleaning upon departure included in the price?*
Ist Hundehaltung erlaubt?	*Are dogs permitted?*

Dear Mrs Jameson,

The holiday apartments, which you rent out, were brought to our attention via information sent by your local Tourist Information Board.

We would very much like to book an apartment for 5 persons, for 3 weeks, commencing 15th July. Before doing so, we would be grateful if you could answer some further questions regarding the accommodation:

Would it be possible to book the apartment for 21 days mid-week i.e. Wednesday – Tuesday? Could you also let us know, whether or not the cost of cleaning the apartment upon departure is included in the price, as well as the amount you require as a deposit. Is bed linen provided? Are dogs permitted in the apartment, as we have a dachshund?

Yours sincerely,

Mr & Mrs D. Edwardson

the list and description of the holiday homes and apartments	*die Liste und die Beschreibung der Ferienhäuser und -wohnungen*
for one month, commencing 1st July	*für einen Monat ab dem ersten Juli*
Could you let me know, whether...	*Könnten Sie mir mitteilen, ob ...*
the rental cost	*der Mietpreis*
the amount of deposit required	*die Höhe der zu leistenden Anzahlung*
bed linen is provided	*die Bettwäsche wird zur Verfügung gestellt*

Eine Ferienwohnung mieten

Sehr geehrte Frau Schober,

herzlichen Dank für Ihre rasche Antwort.

Wir sind mit Ihren Konditionen einverstanden und bestätigen hiermit, Ihre Ferienwohnung Nr. 3 für fünf Personen vom 15. Juli bis einschließlich 4. August zu mieten.

Die Vorauszahlung in Höhe von DM 400,– haben wir heute auf das von Ihnen angegebene Konto überwiesen, die restliche Miete in Höhe von DM 1.050,– erhalten Sie wie abgesprochen an unserem Abreisetag.

Wir freuen uns auf den Urlaub bei Ihnen.

Mit freundlichen Grüßen

B. und H. Göckritz

P.S.: Könnten Sie uns bitte rechtzeitig Bescheid geben, wo und bis wann wir am Anreisetag unsere Schlüssel abholen können?

---

vom 15. Juli bis einschließlich 4. August

die restliche Miete … erhalten Sie wie abgesprochen an unserem Abreisetag

from 15th July – 4th August inclusive

you will receive the remainder of the rent, as already discussed, on our departure date

Dear Mrs Jameson,

Many thanks for your quick reply.

We are in agreement with your terms and conditions and would therefore like to confirm our reservation of holiday apartment Number 3, for 5 persons, from 15th July – 4th August inclusive.

A deposit of £250.00 has been transferred today to the account you stated and, as already discussed, the remainder of the rent, being £700.00, is to be paid upon our departure date.

We are looking forward to the holiday.

Yours sincerely,

Mr & Mrs D. Edwardson

P.S.
Could you please let us know, in due course, where and when we should collect the keys upon arrival?

... which you were kind enough to inform us	... *die Sie uns freundlicherweise mitgeteilt haben*
I confirm my decision ... to rent	*ich bestätige meine Entscheidung ... zu mieten*
as a deposit	*als Anzahlung*
The remainder will be paid...	*Der Restbetrag wird ... bezahlt.*
Could you let us know where exactly...	*Würden Sie uns bitte genau angeben, wo ...*

Urlaubsgrüße

Hallo Marion,

viele Grüße aus Italien! Wir sind jetzt schon seit einer Woche in Rom und noch immer total fasziniert von der Stadt. In ihr pulsiert das Leben, und auf den Straßen ist immer was los – selbst noch um 2 Uhr nachts. Tina und ich erholen uns prächtig und sind auch schon schön braun geworden. Das Nachtleben genießen wir in vollen Zügen. Wir gehen jeden Abend tanzen und lassen uns von dem Charme der Römer verzaubern. Schade, dass du nicht hier bist. Alles weitere in einer Woche. Bis dann.

Schönste Grüße
Deine Manuela

Marion Baumgartner
Mainstr. 15
76199 Karlsruhe

Wir erholen uns prächtig.
Alles weitere in einer Woche.

We are having a marvellously relaxing time.
More news next week.

Dear Lisa,

Greetings from Italy! We have now been in Rome for a week and are still fascinated by the city. There's a real buzz to life here and there is always something going on in the streets – even at 2 in the morning. Tina and I are having a marvellously relaxed time and already have a beautiful tan. We are thoroughly enjoying the night-life. We go out dancing every evening and let the charm of the Romans enchant us. Shame you are not here. More news next week – until then,

Love from

Sharon & Tina

Lisa Armstrong
129 Cosham Road
Leeds
LE21 4GH
Great Britain

Was gibt es über ... zu sagen?

hoffentlich leidest du nicht unter der Kälte

What can one say about ...?

hope you are not suffering from the big chill

Weihnachts- und Neujahrsgrüße (an gute Freunde)

Lieber Dieter, liebe Marion,

wir hoffen, dass der Weihnachtsstress euch noch nicht ganz aufgefressen hat. Wir haben soweit alles erledigt: Geschenke für Kinder und Verwandte, Planung des Weihnachtsmenüs und alles, was sonst noch dazu gehört.

Wir möchten es nicht versäumen, euch die allerbesten Weihnachtsgrüße zu schicken. Wir hoffen, dass Ihr genügend Zeit findet, euch von der Hektik des Alltags zu erholen. Und denkt daran, euch noch ein bisschen Kraft und gute Laune für unsere Silvesterfete aufzuheben. Wir freuen uns sehr darauf, mit guten Freunden in das neue Jahr zu feiern.

Bis dahin wünschen wir euch
und eurer Familie ein frohes Fest!

Cordula und Peter

Dear Mary and Steven,

We hope you are not getting too stressed in the run-up to Christmas!
We have managed to get everything done; presents for the children and relatives,
the planning of the Christmas menu and everything else that goes with it. We would
like to take this opportunity to wish you all the very best for Christmas.

We hope that you will both find the time to relax, despite all the hectic activity.
Don't forget to keep some energy and festive spirit for our New Year's Eve party.
We are really looking forward to celebrating the New Year with close friends.

Until then, we wish you and your family
Season's greetings!

Laura & Ben

Ich wünsche Ihnen ein frohes Weihnachtsfest und ein gutes neues
Jahr

I wish you a Merry Christmas
and a Happy New Year

Festive greetings (acquaintances)

We wish you a
Merry Christmas
and
a Happy New Year
for 2002.

David & Kate

Weihnachts- und Neujahrsgrüße (an Bekannte)

Ein frohes Weihnachtsfest
und
ein gutes neues Jahr 2002
wünschen Ihnen

Herr und Frau Mayer

Dear Mrs Kelly,

We would like to wish you all the very best on your 60th birthday.

As your neighbours, we know that you are always friendly to those around you and that you are still young at heart. Despite all the parties we have had, you have never once complained and have always had a friendly word for us.

On your special day we wish you much joy, many, many presents and a lovely time spent with your family – as we know you're been looking forward to it. For the future we wish you health, happiness and a continuing zest for life.

With love from

The Glovers (from next door)

Sending you our heartiest greetings and all the best on your birthday

the Post Office will take over
let the corks explode/pop!

Von ganzem Herzen wünschen wir dir/Ihnen alles Gute zum Geburtstag.
die Post wird es übernehmen
begieß ihn richtig!/lass die Korken knallen!

Liebe Frau Neumann,

zu Ihrem 60. Geburtstag senden wir Ihnen die herzlichsten Glückwünsche.

Als Ihre Nachbarn wissen wir, dass Sie allen gegenüber stets freundlich und aufgeschlossen sind und sich Ihre Jugend bis zum heutigen Tag innerlich bewahrt haben. Trotz aller Feten, die wir gefeiert haben, haben Sie sich nie beschwert und immer ein freundliches Wort für uns übrig gehabt.

An Ihrem Ehrentag wünschen wir Ihnen nun viel Freude, viele, viele Geschenke und ein harmonisches Fest im Familienkreis, so wie Sie es sich gewünscht haben. Für Ihr weiteres Leben wünschen wir Ihnen außerdem Gesundheit, Glück und Lebensfreude.

Nochmals alles Liebe wünschen

die Müllers von nebenan

Condolence card (to acquaintances)

Mr & Mrs Patterson,

It was with great sorrow that my wife and I learned of the painful loss in your family.

Please accept our deepest sympathies.

Mr & Mrs Liddle

unser herzliches Beileid   *our deepest sympathies*

Kondolenzkarte (an Bekannte)

Mit Trauer haben meine Frau und ich von dem schmerzlichen Verlust in Ihrer Familie erfahren und möchten Ihnen unser herzliches Beileid aussprechen.

Georg und Anne Schreiber

Mr & Mrs S. Mitchell

request the pleasure of the company of

....

on the occasion of the marriage of their daughter

Helen Jane Mitchell
to
Mr Stewart Kennedy

The wedding ceremony will take place
in
St. Luke's Church, Newington
on
Saturday, 24th July 2002
at
2.30 pm
followed by a reception
at
The Braid Hills Hotel

R.S.V.P.
no later than 1st June 2002

unmittelbar nach der Trauung
u.A.w.g./wir bitten bis ... verbindlich zu antworten

immediately after the ceremony
R.S.V.P.

Einladung zur Hochzeitsfeier

Siegrid Teich und Nils Hörenz

laden Sie/euch herzlich zu unserer Hochzeitsfeier ein,
die im Anschluss an die kirchliche Trauung
am 21. Juli 2002 im Alten Zollhaus/Berlin stattfindet.

Wir bitten alle unsere Gäste bis Anfang Juni verbindlich zu antworten.

Mit herzlichen Grüßen

Siegrid Teich und Nils Hörenz

im Anschluss an die kirchliche Trauung
um Rückantwort bitten wir spätestens bis zum 1.Juni 2002

following the ceremony
please reply no later than 1st June 2002

Die Einladung annehmen

Liebe Christine, lieber Christian,

wir haben uns sehr über eure liebe Einladung zur Hochzeit eurer Tochter Isabelle gefreut. Wir nehmen natürlich dankend an und freuen uns schon darauf, dem jungen Paar alles Gute zu wünschen.

Es ist schön, dass ihr an uns gedacht habt. Wir sind schon sehr gespannt auf ein Wiedersehen mit euch nach all den Monaten, in denen wir nichts voneinander gehört haben. Aber, ihr wisst ja, das Berufsleben nimmt uns sehr in Anspruch und die Zeit vergeht so schnell!

Wir hoffen es geht euch allen gut!

Bis ganz bald!

Herzliche Grüße senden euch
Maria und Johannes

PS. Habt ihr eine Idee für ein schönes Hochzeitsgeschenk? Bitte teilt sie uns mit. Vielen Dank im Voraus.

Dear Scott & Elizabeth,

We were delighted to receive the news of Helen and Stewart's marriage via your lovely invitation, which we are more than pleased to accept, as well as wishing the young couple all the very best.

It is wonderful that you thought of us. We are really looking forward to seeing you all again, as it has been many months since we last heard from one another; but you know how demanding our work is and how the time just flies by!

We hope that this finds you all well.

Until very soon,
Best wishes,

    Pauline & Grant

P.S.
Any suggestions as to what we could give the couple as a wedding present? Many thanks in advance.

... which we accept with the greatest of pleasure	... die wir mit größtem Vergnügen annehmen
after being out of touch for so many months	nach all diesen Monaten, in denen wir uns nicht gemeldet haben
our work is very demanding	unsere Arbeit nimmt uns völlig in Anspruch
suggest a wedding present ...	ein Hochzeitsgeschenk vorschlagen

Invitation

Dear Kathryn & Bill,

We have been in our new home for a month now in Haddington, a picturesque little village on the southeast coast of Scotland.

We would like to invite you all to our new home over the Whitsun weekend. On the Saturday evening we are holding a house-warming party for all of our friends.

We would be delighted if you could be there too.

Enclosed, please find directions on how to get here.

We look forward to hearing from you soon.

Love & best wishes,

Jennifer & Kenny

We would be delighted if you could be there too.   *Wir würden uns freuen, wenn ihr dabei sein würdet.*
Enclosed, please find a map on how to get here.   *Anbei ein Plan, damit ihr den Weg findet.*

Einladung zu einem Besuch

Liebe Freunde,

wir wohnen nun seit einem Monat in unserem neuen Haus in Saint-Benin, einem kleinen, malerischen Dorf im Norden Frankreichs.

Wir möchten euch ganz herzlich für das Pfingstwochenende in unser neues Haus einladen. Am Samstagabend geben wir eine Einweihungsparty für all unsere Freunde. Wir würden uns sehr freuen, wenn ihr auch dabei sein könntet.

Wir senden euch anbei eine Wegbeschreibung.

Über eure Zusage würden wir uns sehr freuen.

Liebe Grüße

Elisabeth und Pascal

Dear Jennifer & Kenny,

Many thanks for your nice invitation, which we gladly accept. We are so looking forward to seeing you again.

We will arrive on Friday evening and return home on Monday morning.

Thank you for sending us directions on how to get there!

May we take this opportunity to wish you all the best in your new home.

Love & best wishes

Kathryn & Bill

It will be a pleasure to see you again.

Es wird uns eine Freude sein euch wiederzusehen.

Eine Einladung annehmen

Liebe Freunde,

herzlichen Dank für eure nette Einladung, die wir sehr gerne annehmen. Wir freuen uns sehr darauf, euch wiederzusehen.

Wir kommen am Freitagabend bei euch an und fahren am Montagmorgen wieder nach Hause.

Für die Wegbeschreibung bedanken wir uns.

Darüber hinaus möchten wir die Gelegenheit nutzen, euch zu eurem neuen Heim zu beglückwünschen.

Liebe Grüße

Annie und Bernd

Declining an invitation

Dear Helen & Stewart,

We were delighted to receive your kind invitation.

We would have loved to have come to celebrate your wedding, but on that same weekend, Susanne's grandmother is celebrating her 90th birthday with a large family party which, several months ago, we agreed to attend.

On July 24st, however, we will drink a toast to you both from afar. In any case, we will be coming to London this summer so we can see you both again soon and at least we will be able to look at the photos.

For the time being we wish you both a wonderful wedding.

With our best wishes to you both for the future.

Louise & John

We already have family commitments.   *Wir haben bereits familiäre Verpflichtungen.*

Eine Einladung ablehnen

Liebe Siegrid, lieber Nils,

herzlichen Dank für eure nette Einladung, über die wir uns sehr gefreut haben. Sehr gerne würden wir eure Hochzeit gemeinsam mit euch feiern, doch gerade an diesem Wochenende wird der 90. Geburtstag von Susannes Großmutter mit einem großen Familienfest gefeiert, für das wir schon vor Monaten zugesagt haben.

Am 21. Juli können wir also nur aus der Ferne auf euch anstoßen. Auf jeden Fall kommen wir in diesem Sommer nach Berlin, so dass wir uns bald nach eurer Hochzeit wieder sehen werden. Dann können wir zumindest die Fotos ansehen…

Fürs Erste wünschen wir euch eine schöne Feier!

Mit unseren besten Wünschen für eure Zukunft

Susanne und Jens

Dear Karen,

Many thanks for your wonderful birthday present. I was absolutely delighted and you certainly know my taste. The vase looks fantastic in my new apartment and I hope that you will come and visit me soon.

Until then, all the very best.
Daniel

You almost make me embarrassed.   *Ihr bringt mich fast in Verlegenheit.*

Sich für ein Geburtstagsgeschenk bedanken

Düsseldorf, den 5.3.2002

Liebe Carla,

herzlichen Dank für dein Geburtstagsgeschenk, über das ich mich sehr gefreut habe. Du hast meinen Geschmack genau getroffen. Die Vase macht sich phantastisch in meiner neuen Wohnung. Ich hoffe, du kommst mich bald einmal besuchen.

Bis dahin grüße ich dich herzlich!
Deine Christiane

Du hast meinen Geschmack genau getroffen.   *You know my taste exactly.*
… macht sich phantastisch in meiner neuen Wohnung.   *… looks fantastic in my new apartment.*

Thank-you letter after staying somewhere

> To the Heather Family,
>
> We would like to thank you all very much for your kind hospitality.
>
> We will remember our stay with you for a long time to come.
>
> Thanks to the many excursions which you organised for us, we were able to get to know your town and its environment, as well as a different way of life.
>
> Please tell your neighbours that we have the fondest memories of their barbecue!
>
> Thanks again for everything and we look forward to being able to show you a little of our country in return.
>
> With very best wishes,
>
> John & Anne Rothery

for putting us up so welcomingly	dass Sie uns so nett und warmherzig aufgenommen haben
the wonderful time we spent with you	die wunderbare Zeit, die wir bei Ihnen verbracht haben
we have fond memories of ...	wir erinnern uns sehr gern an ...

Sich für die Gastfreundschaft bedanken

> Liebe Familie Roth,
>
> wir möchten Ihnen ganz herzlich für Ihre Gastfreundschaft danken.
>
> Wir werden uns noch lange an die schöne Zeit erinnern, die wir mit Ihnen verbringen durften.
>
> Auf den vielen Ausflügen, die Sie für uns organisiert haben, konnten wir die Stadt und die Region, in der Sie leben, erstmals kennen lernen. Darüber hinaus sind wir mit einer anderen Lebensart vertraut geworden.
>
> Bitte richten Sie Ihren Nachbarn Herrn und Frau Lebeau aus, dass wir die gemeinsamen Boule-Partien in bester Erinnerung behalten werden.
>
> Wir danken Ihnen nochmals für alles und würden uns freuen, wenn wir Ihnen nun im Gegenzug unser Land zeigen dürften.
>
> Herzliche Grüße
>
> Peter Maier

Interkulturelle Tipps

Anrede: In den englischsprachigen Ländern ist es durchaus üblich, sich schon bei der ersten Begegnung beim Vornamen zu nennen. (Das gilt auch für Vorgesetzte und ihre Mitarbeiter.) Das bedeutet aber nicht, dass man deshalb vertrauter miteinander umgehen würde.

Titel: Die Titel *Dr, Mr* und *Mrs* sowie der neutrale Titel für eine Frau *Ms* werden in Großbritannien (GB) <u>ohne</u> Punkt und in den USA meistens <u>mit</u> Punkt geschrieben. Der Titel *Esq.*(die Abkürzung für *esquire*) wird in GB oft bei Anschriften hinter den Nachnamen eines Herrn als Zeichen des Respekts gesetzt, z.B. *Hugh Grant Esq.*. Die Titel *Sir* und *Madam* werden fast nur noch am Briefanfang verwendet für „Sehr geehrte Damen und Herren, …" = *Dear Sir or Madam, …* Als Ehrentitel gehört *Sir* zum Vornamen, z.B. David Attenborough wird als *Sir David* angesprochen. Frauen werden mit *Dame*, z.B. *Dame Iris Murdoch* angeredet. Die Ehrentitel *Baron* und *Baroness* werden vor den Nachnamen, z.B. Richard Attenborough als *Baron Attenborough* und Ruth Rendell als *Baroness Rendell*.

Die Ehrentitel *Lord* und *Lady* werden jeweils vor den Nachnamen gestellt.

Dr. und Prof.: In der englischsprachigen Welt werden keine Titel vor dem Namen angesammelt. Man spricht eine Person immer nur mit <u>einem</u> Titel an, z.B. *Prof. Sinclair.* Es gibt also keine Titel wie ‚Frau Prof. Dr. Schmid'. Der Doktortitel *Doctor* wird gewöhnlich nur für Ärzte und Ärztinnen verwendet. Man stellt sich nur mit Vor- und Nachnamen vor; Titel werden <u>nicht</u> genannt.

Berufsbezeichnungen: In den USA werden Personen in öffentlichen Ämtern häufig mit ihrer Berufsbezeichnungen genannt, z.B. *Senator Kennedy, Reverend Smith* oder *Judge O'Brian.*

Händeschütteln: In formellen Situationen oder wenn Männer sich geschäftlich treffen wird die Hand gegeben. In den USA gibt ein Mann einer Frau nur die Hand, wenn sie ihm zuerst die Hand gibt. Wenn man jemanden seit längerer Zeit nicht mehr gesehen hat, begrüßt man auch mit einem kurzen Händedruck, wobei man in den USA oft mit der linken Hand gleichzeitig den Arm oder den Ellenbogen des anderen kurz hält.

Schulterklopfen: In Nordamerika und Australien klopft man sich unter Männern öfter einmal freundschaftlich auf die Schulter oder den Rücken.

Umarmen: In Nordamerika begrüßen sich Frauen oder enge Verwandte und Freunde, indem sie sich umarmen und manchmal danach kurz einen Kuss geben.

Höflichkeit: Im täglichen Leben ist die Höflichkeit von größter Bedeutung. Immer wenn man jemanden auf irgendeine Weise stört oder man auch nur jemands Aufmerksamkeit erregen will, sagt man *Excuse me, …* oder in Nordamerika auch *Pardon me, …* Es gilt übrigens als äußerst unhöflich, wenn man versucht, sich irgendwo vorzudrängen. Bevor man in öffentlichen Verkehrsmitteln, z.B. im Bus oder im Zug das Fenster öffnet, sollte man unbedingt fragen, ob es jemanden stören würde = *Do you mind if I open the window?* Um nicht so direkt und höflicher zu sein, leitet man eine Frage oft auch mit *Could you tell me …?* oder *Do you know …?* ein.

Bitten: In Bitten sollte das *please* immer am Satz<u>ende</u> stehen, z.B *Could you help me with …, please?* Denn wird ein *please* an den Satzanfang gestellt, wird die Bitte als Aufforderung verstanden.

Auch in der Korrespondenz sollte man sich so höflich wie möglich ausdrücken (siehe dazu auch die Musterbriefe und Einladungen).

Einladung: Fangen Sie bei einer Einladung nie vor der Gastgeberin an zu essen. Es ist außerdem üblich, sich noch kurz schriftlich bei den Gastgebern zu bedanken.

Im Restaurant: In Nordamerika geht man im Restaurant nicht einfach an einen freien Tisch, sondern man wartet an der Tür. Ein *host/hostess* begrüßt die Gäste und fragt, ob sie rauchen und wie viele Personen dabei sind. Danach werden die Gäste zu einem freien Tisch gebracht. Sobald man sich hingesetzt hat, nimmt man die Serviette, macht sie auf und legt sie auf den Schoß. Wenn man dann bezahlen möchte, fragt man *Could we have the check, please?* Die Bedienung/der Ober bringt die Rechnung, legt sie auf den Tisch und geht dann wieder weg. Erst wenn man das Geld auf die Rechnung gelegt hat, kommt sie/er wieder. Das Trinkgeld, durchschnittlich 15%, – weniger heißt, dass man nicht zufrieden war, wird auf dem Tisch gelassen, wenn man das Restaurant verlässt.

Sich bedanken: Man sagt normalerweise *Thank you* oder kurz *Thanks;* informeller sagen in GB einige Leute *Cheers* und auch einfach *Ta* (britischer Slang). Als Antwort würde man *You're welcome* (vor allem in den USA)/*Sure* (amerikanisch)/*Not at all* (britisch)/*Don't mention it* oder *It's a pleasure/My pleasure* sagen.

Begrüßung: Bis zur Mittagszeit verwendet man *Good morning,* danach sagt man bis etwa 18 Uhr *Good afternoon* und darauf folgt *Good evening; Good night* sagt man, wie im Deutschen, erst bevor man ins Bett geht. In Australien sagt man auch den ganzen Tag über *Good day.* Und informell kann man überall zu jeder Tageszeit *Hello* oder auch *Hi* sagen. Wenn man Bekannte trifft, fragt man wie es ihnen geht = *How are you?* oder informeller *How are you doing?/How's life?/How's it going?* (in den USA)/*How's things?* (in Schottland). Für diese Frage bedankt man sich und antwortet meist kurz und oft witzig, dass es einem <u>gut</u> geht = *Fine, thanks!/Very well, thanks!/Good, thanks!* Außerdem fragt man immer ebenso nach, wie es dem anderen geht = *And you?/And yourself/How about you?*

Abschied: Um sich zu verabschieden sagt man *Goodbye* oder informeller *Bye/Cheerio* und *Ta-ta* (in GB). Man gibt sich zum Abschied <u>nicht</u> die Hand, in den USA winkt man oft kurz zum Abschied.

Telefonieren: In den USA melden sich die meisten Leute privat einfach mit *Hello?*, in GB meistens mit ihrer schnell heruntergesagten Telefonnummer. Die Zahlen einer Telefonnummer werden einzeln gesprochen, z. B. 638459 = six, three, eight, four, five, nine. Bei der Verdoppelung einer Zahl sagt man in GB, z. B. 55 = *double five*, in den USA *five, five*. Für die Null sagt man *oh* oder *zero*, z. B. *0131 – oh one three one.*

Zahlen: Die Null heißt *zero*, in GB auch *nought*, die Eins wird handschriftlich als einfacher Strich geschrieben: I, die Sieben wird ohne kleinen Querstrich geschrieben: 7. Dadurch kann es passieren, dass unsere Eins als eine Sieben gelesen wird. In den USA lässt man nach *hundred* oft das *and* weg, z. B. *one hundred twenty*. Eine Milliarde heißt jetzt auch in GB *one billion = 1,000,000,000*. Im Englischen werden Tausender mit einem <u>Komma</u> gegliedert (im Deutschen mit einem <u>Punkt</u>). Dagegen werden dezimale Zahlen mit einem <u>Punkt</u> gegliedert, z. B. *2.4 (two point four) metres/meters* (USA). Bei Währungsangaben folgt die Zahl <u>direkt nach</u> dem Währungszeichen, also <u>ohne</u> Freizeichen, z. B. *$32.50 (thirty-two dollars and fifty cents)*.

Datum: In GB werden oft direkt nach dem Tag die beiden letzten Buchstaben der Ordnungszahl gesetzt, z. B. *1ˢᵗ May* (fi<u>rst</u> of May/May first -in den USA), *22ⁿᵈ June* (twenty-seco<u>nd</u> of June/June twenty-second – in den USA), *3ʳᵈ March* (thi<u>rd</u> of March/March third – in den USA) oder *4ᵗʰ July* (four<u>th</u> of July/July fourth – in den USA). Wenn das Datum nur in Zahlen geschrieben wird, kommt in Nordamerika der <u>Monat vor der Zahl</u>, z. B. *5/8/02* = 8. Mai 2002. Bis zum neunten Jahr eines Jahrhunderts werden die Zahlen mit *oh* oder *hundred* gebildet, z. B. *1507 = fifteen <u>oh</u> seven/fifteen <u>hundred</u> and seven*.

Uhrzeit: Die 24-Stundeneinteilung wird meist nur bei Fahrplänen benutzt. Die Zeit von Mitternacht bis 12 Uhr mittags wird mit *a.m.* bezeichnet, von 12 Uhr mittags bis Mitternacht wird mit *p.m.* verwendet, z. B. 10.30 = *10:30 a.m.*, 14.50 = *2:50 p.m.* Vorsicht: In GB sagt man *half two*, das bedeutet *half past two*, also 14.30! Im Englischen gibt es kein „fünf vor/nach halb zwei" oder das süddeutsche „viertel zwei = viertel nach eins" und auch „drei viertel zwei = viertel vor zwei" gibt es im Englischen nicht.

Gegenüberstellung: American English – British English – Deutsch

American English (*Am*)	British English (*Br*)	Deutsch
airplane	aeroplane	Flugzeug *nt*
antenna	aerial	Antenne *f*
apartment	flat	(Miets)wohnung *f*
apartment house	block of flats	Mietshaus *nt*
attorney	lawyer, solicitor, barrister	Rechtsanwalt, -anwältin *m, f*
baby carriage	pram	Kinderwagen *m*
baby-stroller	pushchair, buggy	(*für Babys*) Sportwagen *m*
backpack	rucksack, backpack	Rucksack *m*
baggage car	luggage van	Gepäckwagen *m*
band-aid	plaster, elastoplast	Pflaster *nt*
bangs	fringe	Pony *m* (*Frisur*)
bathroom	toilet	Toilette *f*
bill	(bank)note	Geldschein *m*
billfold	wallet	Brieftasche *f*
bleachers	uncovered stand (seats)	Zuschauersitze (*im Freien*)
blinder	blinker	Scheuklappe *f*
blow away (*sl*)	hammer (*sl*)	vernichtend schlagen
bookstore	bookshop	Buchhandlung *f*
buck (*sl: $*)	quid (*sl: £*)	Dollar *m*/Pfund *nt*
buddy (*fam*)	mate (*fam*)	Kumpel *m*
bulletin board	notice board	schwarzes Brett
burglarize	burgle	einbrechen in
busy (TELE)	engaged	besetzt (TELE)
candy, a piece of	sweet	Bonbon *nt*
candy store	sweet shop	Süßwarenladen *m*
car	carriage	Waggon *m*
car, freight car	(goods) waggon	(Güter)wagen *m*
carnival	funfair	Jahrmarkt *m*
casket, coffin	coffin	Sarg *m*
catchall	junk room	Rumpelkammer *f*
central, switchboard	switchboard	(Telefon)zentrale *f*
checkbook	cheque-book	Scheckheft *nt*
checkers	draughts	Damespiel *nt*
checking account	current account	Girokonto *nt*
chips, potato chips	crisps	Kartoffelchips *pl*
clean-up (*sl*), profit	profit	Gewinn *m*
clothes-dryer	tumble-dryer	Wäschetrockner *m*
coat check	cloakroom	Garderobe *f*
collect call	reverse-charge call	R-Gespräch *nt*
condo(minium)	owner-occupied flat	Eigentumswohnung *f*
conductor	chief guard	Zugführer(in) *m(f)*

American English (*Am*)	British English (*Br*)	Deutsch
cookie	biscuit	Keks *m*
corn	maize	Mais *m*
cot	folding bed	Klappbett *nt*
counterclockwise	anticlockwise	gegen den Uhrzeigersinn
crib	cot	Kinderbett *nt*
crossing guard	lollipop man/lady	Schülerlotse, -lotsin *m, f*
crosswalk	pedestrian crossing	Fußgängerüberweg *m*
curb(stone)	kerb(stone)	Bordstein *m*
custom-made clothes	made-to-measure clothes	Maßkleidung *f*
diaper	nappy	Windel *f*
dishtowel, tea towel	tea towel	Geschirrtuch *nt*
divided highway	dual carriageway	vierspurige Schnellstraße
dorm(itory)	hall of residence	Studentenwohnheim *nt*
downtown	city/town centre	Stadtzentrum *nt*
dresser	dressing table	(Frisier)Kommode *f*
driver's license	driving licence	Führerschein *m*
duplex	semi-detached house	Doppelhaushälfte *f*
efficiency (apartment)	bedsit	Einzimmerapartment *nt*
eggplant	aubergine	Aubergine *f*
elective	option	Wahlfach *nt*
elementary school	primary school	Grundschule *f*
elevator	lift	Aufzug *m*
emergency room	casualty	Notaufnahme *f*
exclamation point	exclamation mark	Ausrufezeichen *nt*
fall, autumn	autumn	Herbst *m*
fanny pack	bum bag	Gürteltasche *f*
faucet, tap	tap	Wasserhahn *m*
fender	wing	Kotflügel *m*
fire department	fire brigade	Feuerwehr *f*
first floor	ground floor	Erdgeschoss *nt*
flashlight	torch	Taschenlampe *f*
freeway	motorway	Autobahn *f*
french fries	chips	Pommes frites *pl*
galoshes	Wellingtons	Gummistiefel *pl*
garbage	rubbish	Müll *m*
garbage can	rubbbish bin	Mülleimer *m*
garbageman	dustman, bin man *(fam)*	Müllmann *m*
garbage truck	dustcart, bin lorry *(fam)*	Müllwagen *m*
gas(oline)	petrol	Benzin *nt*
gas station	petrol station	Tankstelle *f*
gawker *(pej)*	gawper *(fam)*	Gaffer(in) *m(f)*
general delivery	poste restante	postlagernd
German shepherd	Alsatian	Schäferhund *m*

American English (*Am*)	British English (*Br*)	Deutsch
girl scout	girl guide	Pfadfinderin *f*
godawful (*fam*)	terrible	fürchterlich
goddam(ned) (*sl*)	bloody awful (*sl*)	beschissen (*sl*)
gotten	got	bekommen (haben)
grade	1. class; 2. mark	1. Klasse *f*; 2. Note *f*
grade school	primary school	Grundschule *f*
green thumb	green fingers	grüner Daumen
ground	earth	Erde, erden (ELEK)
guy (*fam*)	bloke (*fam*), guy (*fam*)	Kerl *m*
high school	secondary school	weiterführende Schule
hightail it (*fam*)	clear off (*fam*)	abhauen (*fam*)
highway	motorway	Autobahn *f*
hood	bonnet	Motorhaube *f*
hooky, play hooky (*fam*)	play truant, bunk off (*fam*)	(die Schule) schwänzen (*fam*)
house-break (*an animal*)	house-train	(ein Tier) stubenrein machen
housing development	housing estate	Wohnsiedlung *f*
ice pop, popsicle	ice lolly	Eis *nt* am Stiel
John Doe	Joe Bloggs	Otto Normalverbraucher
jumper	pinafore dress	Trägerkleid *nt*
jumper cables	jump leads	Starthilfekabel *nt*
know-it-all (*fam*)	know-all (*fam*)	Besserwisser(in) *m(f)*
ladybug	ladybird	Marienkäfer *m*
last name	surname	Nachname *m*
layover, stopover	stopover	Zwischenlandung *f*
license plate	number plate	Autokennzeichen *nt*
life preserver	lifebelt	Rettungsring *m*
line	queue	(*Menschen-*) Schlange *f*
line up, stand in line	queue	Schlange stehen
liquor store	off-licence	Wein- und Spirituosenhandlung *f*
lunchroom	canteen	Kantine *f*
lush (*sl pej*)	piss artist (*sl pej*)	Säufer(in) *m(f)* (*pej*)
mailbox	letter box	Briefkasten *m*
mailman	postman	Briefträger *m*
major	main subject	Hauptfach *nt*
math	maths	Mathe *f*
men's room	Gents	Herrentoilette *f*
metermaid	traffic warden	Politesse *f*
Mother's Day	Mothering Sunday	Muttertag *m*
movie	film	Film *m*
nail polish	nail varnish	Nagellack *m*
natality, birthrate	birthrate	Geburtenziffer *f*
neat (*fam*)	ace (*fam*)	super (*fam*)
newsdealer	newsagent	Zeitungshändler(in) *m(f)*

American English (*Am*)	British English (*Br*)	Deutsch
nightstick	truncheon	Schlagstock *m*
notebook	exercise book	Übungsheft *nt*
odometer	mileage indicator, mileometer	Kilometerzähler *m*
on-ramp, off-ramp	slip road	Zubringer *m*; Auffahrt, Ausfahrt *f*
pacifier	dummy	Schnuller *m*
pack (*of cigarettes*)	packet	Schachtel *f* (*Zigaretten*)
panhandle	scrounge	schnorren
panhandler	scrounger	Schnorrer(in) *m(f)*
pants	trousers	Hose *f*
pantsuit	trouser suit	Hosenanzug *m*
pantyhose	tights	Strumpfhose *f*
parentheses	brackets	(runde) Klammern *pl*
parking lot	car park	Parkplatz *m*
parochial school	denominational school	Konfessionsschule *f*
part (*in hair*)	parting	Scheitel *m*
patrolman	policeman on patrol	Streifenpolizist *m*
pavement	road surface	Fahrbahn *f*
paycheck	pay packet	Gehalt *m*
pen pal	penfriend	Brieffreund(in) *m(f)*
period	full stop	Punkt *m*
pharmacist	chemist	Drogist(in) *m(f)*/Apotheker(in) *m(f)*
phone booth	phone box, phone booth	Telefonzelle *f*
pickle	gherkin	Essigurke *f*
pinwheel	windmill, whirligig; Catherine wheel	Windrädchen *nt*; Feuerrad *nt*
plastic wrap	cling film	Frischhaltefolie *f*
principal	headteacher	Rektor(in) *m(f)*
pry (open)	prize (open)	aufbrechen
public school	state school	staatliche Schule
purse, pocketbook	handbag	Handtasche *f*
quiz	short test	kurze Prüfung
railroad	railway	Eisenbahn *f*
railroad crossing	level crossing	Bahnübergang *m*
realtor, real estate agent	estate agent	Grundstücksmakler(in) *m(f)*
recreational vehicle, RV	camper van	Wohnmobil *nt*
regular, normal	normal	normal
rent, to	rent, hire	mieten
rent (out)	rent out, let; hire out	vermieten
re-run (TV)	repeat	Wiederholung *f*
restroom	toilet	Toilette *f*
résumé	CV	Lebenslauf *m*
review	revision	Wiederholung *f* (*von Stoff*)
robe, bathrobe	dressing gown	Morgenmantel *m*
round-trip ticket	return ticket	Rückfahrkarte *f*

American English (*Am*)	British English (*Br*)	Deutsch
rowboat	rowing boat	Ruderboot *nt*
rowhouse	terraced house	Reihenhaus *nt*
rumpus room	playroom	Spielzimmer *nt*
run (*in stocking*)	ladder	Laufmasche *f*
sailboat	sailing boat	Segelschiff *nt*
sales clerk, salesperson	shop assistant	Verkäufer(in) *m(f)*
sales tax	value-added tax	Mehrwertsteuer *f*
schedule	timetable	Stundenplan *m*
school principal	headteacher; headmaster, headmistress	Rektor(in) *m(f)*
second floor	first floor	erster Stock
Secretary of the Interior	Home Secretary	Innenminister(in) *m(f)*
sedan	saloon	Limousine *f*
semi(trailer)	articulated lorry	Sattelschlepper *m*
shine	shoe polishing	Schuhputzen *nt*
shopping cart	shopping trolley	Einkaufswagen *m*
sick	ill	krank
sidewalk	pavement	Gehweg *m*
silent partner	sleeping partner	stiller Gesellschafter
squad car	patrol car	Streifenwagen *m*
station wagon	estate (car)	Kombi(wagen) *m*
store	shop	Laden *m*
storekeeper	shopkeeper	Ladenbesitzer(in) *m(f)*
strip mining	open-cast mining	Tagebau *m*
stroller	pushchair, buggy	(*für Babys*) Sportwagen *m*
student	pupil	Schüler(in) *m(f)*
subway	underground, tube (*fam*)	U-Bahn *f*
sunroom	conservatory	Wintergarten *m*
suspenders	braces	Hosenträger *pl*
switch	points	Weiche *f*
switchblade (knife)	flick knife	Schnappmesser *nt*
tailpipe, exhaust pipe	exhaust pipe	Auspuffrohr *nt*
third-class mail, printed matter	printed matter	Drucksache *f*
thumb-tack	drawing pin	Reißnagel *m*
tideland	mud-flats	Watt *nt*
toiletries bag	sponge bag	Kulturbeutel *m*
toll-free	free of charge	gebührenfrei
tow-truck	breakdown vehicle	Abschleppwagen *m*
tractor-trailer	articulated lorry	Sattelschlepper *m*
traffic circle	roundabout	Kreisverkehr *m*
training wheels	stabilisers	Stützräder *pl*
trainman	railway man	Eisenbahner *m*
trash	rubbish	Abfall *m*
trash can	rubbish bin	Abfalleimer *m*

American English (*Am*)	British English (*Br*)	Deutsch
Treasury Secretary	Chancellor of the Exchequer	Finanzminister(in) *m(f)*
truck	lorry	Lastwagen *m*
trucker	lorry driver	Lastwagenfahrer(in) *m(f)*
trucking	road haulage	Spedition *f*
trunk	boot	Kofferraum *m*
turn signal	indicator	Blinker *m*
tuxedo	dinner-jacket	Smoking *m*
undershirt	vest	Unterhemd *nt*
underwear	pants	Unterhose *f*
upgrade	upward slope	Steigung *f* (*im Gelände*)
vacation	holiday	Ferien *pl*
vacationer	holiday-maker	Urlauber(in) *m(f)*
vendue, auction	auction	Auktion *f*
vest	waistcoat	(Herren)weste *f*
vocational school	technical college	Berufsschule *f*
wallet	purse	Geldbeutel *m*
washcloth, wash-rag	flannel	Waschlappen *m*
windshield	windscreen	Windschutzscheibe *f*
workweek	working week	Arbeitswoche *f*
wrecker	breakdown vehicle	Abschleppwagen *m*
wrench	spanner	Schraubenschlüssel *m*
yard	garden	Garten *m*
yellow (*color of traffic light*)	amber	gelb (*Ampelfarbe*)
yellow jacket	wasp	Wespe *f*
zip code, ZIP code	postcode, postal code	Postleitzahl *f*
zipper	zip (fastener)	Reißverschluss *m*
zucchini	courgette	Zucchini *f*